Kartoffeln

W0088516

Rezept	Seite	Kalorien/Portion	Gut als Beilage	Raffiniert	Braucht etwas Zeit	Preiswert	Gut vorzubereiten	Vegetarisch	Gelingt leicht	Deftig
Kartoffeleintopf mit Entenkeulen	6	515		●	●					
Eintopf mit Paprika	8	535				●			●	●
Eintopf mit Rindfleisch	8	470			●	●	●		●	
Eintopf mit Seelachs	9	395		●	●	●				
Eintopf mit Muscheln	9	410			●				●	
Mecklenburger Kartoffelsuppe	10	300				●			●	●
Kartoffelsuppe mit Räucherfisch	10	435		●	●		●			
Saure Kartoffeln	12	280	●			●	●		●	●
Brühkartoffeln auf italienische Art	13	210	●			●		●		
Ein Fest für die Pellkartoffel	14	830			●	●	●		●	
Kartoffelomelett	18	400		●	●				●	
Kartoffelpfanne mit Artischocken	18	270	●	●	●			●		
Kartoffelhacksteaks	20	550				●			●	●
Kartoffelcanapés	21	440		●	●					
Rösti mit Kasseler und Käsesauce	22	655	●		●					●
Dätscher mit Kompott	24	700	●			●		●		
Kartoffelpuffer auf drei Arten	24	300	●	●	●	●				
Fish and Chips	26	695			●	●				
Kartoffel–Pakora	27	500	●	●	●			●		
Kartoffeln im Näpfchen	30	320	●	●		●		●		
Kartoffelgratin mit Salami	30	585			●	●			●	●
Toulouser Gratin	32	330								
Provenzalische Kartoffeltarte	33	400	●	●						
Piemontesische Kartoffelpastete	34	335		●	●					

GU Rezept

Rezept	Seite	Kalorien/Portion	Gut als Beilage	Raffiniert	Braucht etwas Zeit	Preiswert	Gut vorzubereiten	Vegetarisch	Gelingt leicht	Deftig
Kabeljau auf Rotweinlinsen	36	510		●	●					
Kartoffelspieße	37	390			●	●	●			●
Gewürzkartoffeln aus dem Ofen	38	300	●		●			●	●	
Überbackene gefüllte Kartoffeln	38	540	●	●	●			●		
Kartoffelsalat mit Pilzen	42	290		●	●		●			
Kartoffel–Sauerkraut–Salat	44	295	●		●	●	●		●	●
Kartoffel–Zwiebel–Salat	44	180	●		●	●	●	●	●	
Kartoffelsalat mit Estragon	45	220		●	●		●		●	
Kartoffelsalat mit Pesto	45	210	●	●	●		●	●	●	
Lauwarmer Kartoffelsalat	46	215		●					●	
Reicher Erdäpfelkas	46	905				●	●		●	●
Sülze mit Kartoffeln und Räucheraal	48	220			●		●			
Kartoffelterrine mit Ziegenkäse	50	640		●	●		●	●		
Kalte Kartoffelsuppe mit Avocado	51	180		●	●		●	●	●	
Rohe Klöße	54	180	●		●	●		●		
Kartoffelknödel mit Paprikakraut	54	315	●		●	●				●
Kartoffelpüree mit Zwiebeln	56	230	●			●		●	●	
Waldorfpüree	56	180	●			●			●	
Lompemois	57	220	●			●		●	●	●
Griechisches Püree	57	230	●	●		●		●		
Kartoffelbällchen mit Curry	58	230	●	●				●		
Krautpflanzerl mit Quark	58	535	●		●				●	●
Westfälische Potthucke	60	705			●	●			●	●
Bunter Kartoffelkuchen	60	145			●		●	●	●	

Wegweiser

Aus dem Topf

Die Erinnerung an das erste Mal – das ist auch für Kartoffelliebhaber etwas ganz Besonderes. Von einem Tag auf den anderen war da für sie die sättigende Beilage plötzlich zur leckeren Hauptsache geworden.

Auf der Suche nach dem richtigen Typ

Heute ist es tatsächlich nicht mehr so einfach, »seine« Kartoffel unter den Neuzüchtungen und Sorten aus aller Welt zu finden. Zumal die Marktgesetze mit ihren Normen und Vereinheitlichungen alte, geschmackvolle Sorten mit ihrem oft nicht normierbarem Äußeren meist aussperren. Etwa 30 Kartoffelsorten verteilen sich zum Verzehr auf die Gemüseregale und Marktstände der Republik. Sie werden vor allem nach dem »Kochtyp« unterschieden, der vom Stärkegehalt abhängt. Je nach Sorte, Reife- und Lagerzeit bilden Kartoffeln mehr oder weniger Stärke aus, mit der sie sich für bestimmte Gerichte empfehlen. Außerdem werden Kartoffeln nach Erntezeit (Seite 16/17) und Handelsklasse (Seite 28/29) unterschieden.

Festkochende Kartoffeln sind eher länglich und nach dem Garen im Idealfall »speckig«, also kernig im Biß, saftig und mit einer feinen Struktur. Sie eignen sich für Salz-, Pell- und Bratkartoffeln sowie Salate. Zu diesem Kochtyp zählen: Cilena, Exquisa, Forelle, Hansa, Linda, Nicola, Selma, Sieglinde und die aromatischen, aber seltenen und recht teuren Bamberger Hörnchen.

Mehligkochende Kartoffeln haben meist eine runde Form und kochen wegen ihres hohen Stärkegehalts eher weich und trocken, dafür aber sehr locker. Sie sind gefragt bei Gerichten, für die Bindung wichtig ist: Püree, Knödel, Kroketten, Küchlein, Puffer, Aufläufe, Suppen und Eintöpfe. Zu diesem Kochtyp zählen: Aula, Datura, Irmgard und die besonders geschätzten Adretta und Likaria.

Vorwiegend festkochende Kartoffeln kochen eher speckig, aber trotzdem locker, sind relativ fein in der Struktur und nicht mehlig im Biß. Als »Knolle für alle Fälle« eignen sie sich vor allem für Salz- und Pellkartoffeln, Aufläufe, Rösti und Puffer. Allerdings: Ein richtig guter Salat oder ein feines Püree wird aus ihnen nicht. Zu den Sorten zählen: Agria, Arkula, Christa, Desirée, Granola, Liu, Quarta,

Sekura, Ukama und die rotschaligen Alwara und Rosara.

Salzkartoffeln – so gelingt's!

Verwenden Sie festkochende oder vorwiegend festkochende Sorten und nicht zu große Knollen. Reinigen Sie die Kartoffeln gründlich mit kaltem Wasser und, falls nötig, mit der Bürste. Entfernen Sie beim Schälen mögliche Augen und dunkle Stellen. Grüne Flecken weisen auf das giftige Solanin hin – schneiden Sie sie großzügig heraus. Durchzieht das Grün die ganze Kartoffel, müssen Sie sie auf jeden Fall wegwerfen. Schneiden Sie die Kartoffeln gleichmäßig zu, so daß sie auch gleichzeitig gar sind. Je weniger Sie schneiden, desto mehr verhindern Sie ein Auslaugen der Geschmacks- und

Nährstoffe. Die Kartoffeln möglichst kurzfristig vorbereiten und nicht im Wasser »frischhalten«, da sie so ebenfalls auslaugen. Setzen Sie nun die Kartoffeln knapp bedeckt mit kaltem Salzwasser auf und bringen Sie sie schnell, bei starker Hitze, zum Kochen. (Nur mehligere Sorten sollten behutsam erhitzt werden.) Dann die Hitze reduzieren und die Kartoffeln in 15–20 Min. bißfest garen. Nun das Wasser abgießen, die Kartoffeln kurz auf der Herdplatte ausdampfen lassen, damit sie locker werden – und gleich servieren.

Pellkartoffeln – so gelingt's!

Verwenden Sie nicht zu große (maximal 150 g) festkochende oder vorwiegend festkochende Sorten und reinigen Sie

die Knollen sehr gründlich mit Wasser und Bürste. Die Augen werden erst beim späteren Pellen entfernt, Kartoffeln mit dunklen oder grünen Stellen müssen Sie aussortieren. Dann setzen Sie die Kartoffeln in kaltem Salzwasser auf und bringen sie langsam zum Kochen. Je nach Größe in 20–30 Min. bißfest garen, abgießen und ausdampfen. Anschließend die Pellkartoffeln kurz mit kaltem Wasser abschrecken und heiß pellen.

Ein paar Kartoffelsorten stellen sich vor: Deutsche Büntje (1), Sieglinde (2), Bamberger Hörnchen (3), Spunte (4), Desirée (5), Primura (6), Quarta (7)

Kartoffeleintopf mit Entenkeulen

● Raffiniert
● Braucht etwas Zeit

Dieses Rezept ist auch Grundlage für die Rezepte auf Seite 8/9.

In einen ordentlichen Eintopf gehören Kartoffeln, keine Frage. Aber daß die Knolle sich nur mit Kraut und Rüben in der Suppenschüssel verträgt, ist eher eine Weisheit aus der Gerüchteküche. Bei diesem Rezept etwa sorgen der Sud und das Fleisch von Entenkeulen, das kräftige Aroma vom Rosenkohl und die besondere Süße der Backpflaumen dafür, daß aus einem Kartoffeleintopf etwas ganz Besonderes wird. Nicht anders ist´s bei den Varianten auf den nächsten beiden Seiten - da wird der Eintopf schon mal zum Festtagsgericht.

Für 4–6 Personen:

1 kleine Zwiebel
1 Lorbeerblatt
3 Nelken · 1 Zimtstange
Salz
4 Entenkeulen (je 200 g)
1 Möhre
300 g Rosenkohl
150 g Backpflaumen ohne Stein
1/4 l Rotwein (ersatzweise Wasser)
Pfeffer
700 g vorwiegend festkochende Kartoffeln
1 Bund Petersilie
Zucker

Zubereitungszeit: 1 1/4 Std.

Bei 6 Personen pro Portion ca.: 2150 kJ/515 kcal 16 g EW/34 g F/33 g KH

1 Die Zwiebel schälen und das Lorbeerblatt mit den Nelken darauf feststecken. Die gespickte Zwiebel mit der Zimtstange in 1 1/2 l Salzwasser aufkochen und 15 Min. kochen lassen.

2 Die Entenkeulen im Gelenk halbieren und von möglichem Fett befreien. Die Haut abziehen und beiseite legen. Die Möhre schälen, längs vierteln und würfeln. Den Rosenkohl waschen, putzen und halbieren. Die Backpflaumen halbieren.

3 Die Keulenstücke samt Rotwein in den Zwiebelsud geben, pfeffern und bei schwacher Hitze 10 Min. kochen lassen.

4 Inzwischen die Kartoffeln waschen, schälen und in Würfel, so groß wie die Möhren, schneiden. Mit den Möhren in den Topf geben und bei mittlerer Hitze in 15–20 Min. weich kochen. In den letzten 10 Min. Rosenkohl und Backpflaumen mitgaren.

5 Die Petersilie waschen, die Blättchen fein hacken. Die Entenhaut in feine Streifen schneiden und in einer heißen Pfanne knusprig ausbraten. Die Petersilie in den letzten Sekunden kurz mitbraten.

6 Den Eintopf mit Salz, Pfeffer und Zucker abschmecken, die Zimtstange und die gespickte Zwiebel entfernen. Jeweils 1 Keulenstück in die Teller geben, mit dem Eintopf begießen, mit den Entenkrusteln bestreuen und servieren.

VARIANTE

Sollten Sie keine Entenkeulen bekommen oder wollen Sie das Gericht preiswerter ausfallen lassen, nehmen Sie Hähnchenkeulen. Statt Rosenkohl eignen sich auch andere Kohlsorten wie Grünkohl oder Broccoli für dieses Gericht, ebenso machen sich breite Streifen von Wirsing oder Weißkraut gut darin. Und statt Backpflaumen können es auch Sultaninen oder getrocknete Aprikosen sein.

TIP!

Wenn Sie die Entenkeulen im Fachgeschäft kaufen, wird man sie sicher für Sie teilen. Doch mit einem kleinen Trick geht das auch in der eigenen Küche ganz leicht: Suchen Sie mit den Fingern das Gelenk zwischen Ober- und Unterkeule (notfalls etwas anwinkeln, damit Sie die Bewegung spüren) und schneiden Sie das Fleisch bis dorthin ein. Nun mit leichtem Druck die Messerklinge zwischen die beiden Gelenkknorpel bringen und die Keule in der Sehne durchtrennen.

Eintopf mit Paprika

● Deftig
● Gelingt leicht

Für 4–6 Personen:

500 g Zwiebeln
2 Knoblauchzehen
1 TL Kümmel
3 EL Schweineschmalz (ersatzweise Butterschmalz)
1 TL getrockneter Majoran
3 EL Paprika, edelsüß
2 EL Weinessig
1 rote Paprikaschote
1 grüne Paprikaschote
800 g mehligkochende Kartoffeln
Salz
Pfeffer
1 Bund gehackte Petersilie
8 Debreziner Würste (ersatzweise Wiener)
100 g saure Sahne

Zubereitungszeit: 1 Std.

Bei 6 Personen pro Portion ca.:
2245 kJ/535 kcal
20 g EW/37 g F/34 g KH

1 Zwiebeln und Knoblauch schälen und würfeln. Kümmel hacken. In einem Topf Schmalz erhitzen. Alles mit Majoran 10 Min. dünsten. Paprikapulver kurz mitdünsten, mit Essig ablöschen, mit 1 1/2 l Wasser 15 Min. bei mittlerer Hitze kochen lassen.

2 Paprika waschen, halbieren, putzen und in 1-2 cm große Stücke schneiden. Kartoffeln vorbereiten und würfeln (Seite 6). Sud mit Salz und Pfeffer würzen, Paprika und Kartoffeln darin weich kochen (Seite 6).

3 Petersilie mit den Würsten in den Eintopf geben, 5 Min. ziehen lassen. Den Eintopf auf Teller verteilen, je 1 EL saure Sahne darauf setzen.

Eintopf mit Rindfleisch

● Gut vorzubereiten
● Braucht etwas Zeit

Für 4–6 Personen:

1 Zwiebel
1 Lorbeerblatt
2 Nelken
1 kg Beinscheiben vom Rind
1 EL Senfkörner
2 EL Senf
2 EL gehackter Borretsch (ersatzweise Dill)
500 g Schmorgurken (ersatzweise 1 Salatgurke)
600 g vorwiegend festkochende Kartoffeln
2 EL Butterschmalz
Salz · Pfeffer

Zubereitungszeit: 2 Std.

Bei 6 Personen pro Portion ca.:
1960 kJ/470 kcal
22 g EW/35 g F/17 g KH

1 1 1/2 l Wasser zum Kochen bringen. Zwiebel schälen, darauf das Lorbeerblatt mit den Nelken feststecken. Mit den Beinscheiben und den Senfkörnern ins Wasser geben, das Fleisch in 1–1 1/2 Std. weich sieden lassen.

2 Beinscheiben herausnehmen, Brühe durch ein Sieb gießen. Fleisch von Knochen und Sehnen befreien, abkühlen lassen und würfeln. Mit Senf und Borretsch mischen.

3 Gurken schälen, längs vierteln, entkernen und klein würfeln. Kartoffeln vorbereiten und würfeln (Seite 6). Butterschmalz erhitzen und die Gurken darin bei schwacher Hitze 5 Min. dünsten. Kartoffeln und Brühe dazugeben und garen (Seite 6). Das Fleisch noch 5 Min. mit erhitzen. Mit Salz und Pfeffer abschmecken.

Eintopf mit Seelachs

- ● Raffiniert
- ● Preiswert

Für 4–6 Personen:

600 g Seelachsfilet
1 Bund Dill
1 unbehandelte Zitrone
Salz
Pfeffer
500 g grüne Bohnen
700 g vorwiegend fest-kochende Kartoffeln
2 EL Olivenöl
2 Knoblauchzehen
1 1/2 l Gemüsebrühe (Instant)
1 Zweig frischer Rosmarin
1 Lorbeerblatt

Zubereitungszeit: 1 1/2 Std.

Bei 6 Personen pro Portion ca.:
1650 kJ/395 kcal
27 g EW/10 g F/52 g KH

1 Fisch in Würfel schneiden. Dill waschen, Spitzen hacken. Zitrone heiß waschen, Schale zur Hälfte abreiben. Saft auspressen und samt Dill, Salz und Pfeffer mit dem Fisch vermischen.

2 Bohnen waschen, putzen und in 3 cm lange Stücke teilen. Kartoffeln vorbereiten und würfeln (Seite 6).

3 Das Öl in einem Topf erhitzen. Den Knoblauch schälen, würfeln und im Öl glasig dünsten. Bohnen, Kartoffeln, Brühe, Rosmarin, Lorbeer, Salz, Pfeffer und Zitronenschale dazugeben und alles darin bei mittlerer Hitze 20 Min. kochen lassen.

4 Den Fisch mit der Marinade dazugeben und zugedeckt neben dem Herd noch 5 Min. ziehen lassen.

Eintopf mit Muscheln

- ● Gelingt leicht
- ● Braucht etwas Zeit

Für 4–6 Personen:

1 1/2 kg frische Miesmuscheln
200 ml trockener Weißwein (ersatzweise Wasser)
2 Knoblauchzehen
1 Zwiebel · 2 EL Öl
4 EL Currypulver
1 EL Erdnußkerne
1 TL Sardellenpaste
700 g vorwiegend fest-kochende Kartoffeln
400 ml Fischfond (Glas)
400 g ungesüßte Kokos-milch (Dose; Asienladen)
etwa 300 g Mangold
Salz · Cayennepfeffer

Zubereitungszeit: 1 Std. 20 Min.

Bei 6 Personen pro Portion ca.:
1710 kJ/410 kcal
16 g EW/24 g F/29 g KH

1 Muscheln abspülen und putzen, geöffnete wegwerfen. Wein aufkochen lassen, Muscheln darin zugedeckt 3–5 Min. garen. Geschlossene wegwerfen, übrige aus den Schalen lösen. Sud durch ein Sieb gießen und auffangen.

2 Knoblauch und Zwiebel schälen, würfeln. Öl erhitzen, beides darin anbraten. Curry kurz mitbraten, mit Sud ablöschen. Alles mit Erdnüssen und Sardellenpaste pürieren.

3 Kartoffeln vorbereiten und würfeln (Seite 6). Mit dem Würzpüree in Fischfond, Kokosmilch und 1/4 l Wasser garen (Seite 6).

4 Mangold waschen, Blätter in Streifen teilen und 10 Min. mitgaren. Muscheln im Eintopf neben dem Herd 5 Min. ziehen lassen.

Mecklenburger Kartoffelsuppe

● Preiswert
● Gelingt leicht

Diese Suppe ist seit jeher ein echter Herzerwärmer an kalten Tagen im Nordosten Deutschlands. Sie enthält die für die dortige Küche typischen Zutaten: Blutwurst, Rosinen, Äpfel – und natürlich Kartoffeln. Die kommen roh gerieben in die Brühe (von der es bei besonders mehligen Sorten auch etwas mehr sein kann), weswegen das Ganze auch »geriebene Suppe« genannt wird. Ein ganz spezieller Genuß für Liebhaber deftiger Küche.

Für 4 Personen:

1 l Fleischbrühe (Instant)
350 g mehlige Kartoffeln
2 Zwiebeln
1 säuerlicher Apfel (z. B. Boskop; etwa 200 g)
500 g Buttermilch
Salz · Pfeffer
100 g Blutwurst
2 EL Sultaninen
1 EL Schweineschmalz (ersatzweise Butterschmalz)
1 TL Majoran

Zubereitungszeit: 50 Min.

Pro Portion ca.: 1230 kJ/300 kcal
11 g EW/16 g F/30 g KH

1 Die Brühe aufkochen lassen. Die Kartoffeln gründlich waschen und wie die Zwiebeln schälen.

Kartoffeln und 1 Zwiebel fein reiben und sofort samt dem sich absetzenden Kartoffelwasser in die heiße Brühe geben.

2 Die Suppe 15 Min. kochen lassen, bis sie bindet und die Kartoffeln nur noch leicht roh schmecken. Dabei immer wieder umrühren. Sollte die Suppe sehr dick sein, noch etwas Brühe dazugießen.

3 Den Apfel schälen, fein reiben und mit der Buttermilch in der Suppe 1 Min. kochen lassen. Die Suppe mit Salz und Pfeffer abschmecken.

4 Die übrige Zwiebel würfeln. Die Blutwurst pellen und würfeln oder grob zerpflücken. Die Sultaninen gründlich abspülen.

5 Das Schmalz erhitzen und die Zwiebelwürfel darin leicht bräunen. Dann Blutwurst, Sultaninen und Majoran 1 Min. mitbraten.

6 Die heiße Suppe auf Teller verteilen und mit der Blutwurstmischung vollenden.

Kartoffelsuppe mit geräucherter Forelle

● Raffiniert
● Gut vorzubereiten

Auch wenn die Zutatenliste kurz ist – dieses Rezept macht etwas Arbeit. Doch zur Belohnung gibt es eine wundervoll cremige Kartoffelsuppe mit einem ganz besonderen Aroma, die Ihre Gäste so schnell nicht vergessen werden. Und das Beste: Sie können Sie schon am Vortag kochen.

Für 4 Personen (als Vorspeise):

4 geräucherte Forellenfilets mit Haut
4 Zweige frischer Thymian
4 Schalotten
3 EL Öl
50 g Schinkenabschnitte
1/4 l trockener Weißwein (ersatzweise Wasser)
600 g mehlige Kartoffeln
Salz · Pfeffer · Zucker
2 EL Kürbiskerne
2 Eigelbe
100 g Sahne

Zubereitungszeit: 1 1/2 Std.

Pro Portion ca.: 1820 kJ/435 kcal
24 g EW/22 g F/26 g KH

1 Von den Forellenfilets die Haut abziehen. Thymian waschen. Die Schalotten schälen, in Streifen schneiden. 2 EL Öl in einem Topf erhitzen, die Schalotten darin glasig dünsten. Haut, Schinkenabschnitte und 1 Zweig Thymian dazugeben, mit Wein und 3/4 l Wasser aufgießen und langsam aufkochen lassen. 20 Min. sieden lassen, dann den Sud durch ein Sieb gießen und auffangen.

2 Die Kartoffeln waschen, schälen und in Scheiben schneiden. Einige für die Einlage in kaltem Wasser aufheben, den Rest im Sud in 15–20 Min. weich kochen.

3 Die Forellenfilets in mundgerechte Stücke schneiden. Vom übrigen Thymian die Blättchen grob hacken.

4 Die Suppe auf ein Sieb gießen und die Kartoffeln durchstreichen (oder durch die Presse drücken). Püree und Flüssigkeit verrühren, mit Salz, Pfeffer und Zucker abschmecken und wieder aufkochen lassen.

5 Übriges Öl erhitzen und die gut abgetropften restlichen Kartoffelscheiben darin knusprig braten. Thymianblättchen und Kürbiskerne kurz mitrösten.

6 Eigelbe mit Sahne verquirlen, eine Schöpfkelle Suppe einrühren und dies in die heiße Suppe rühren. Forellenstücke dazugeben und die Suppe auf Tellern verteilen. Mit den gerösteten Kartoffeln garnieren.

TIPS!

Bekommen Sie nur Forellenfilets ohne Haut, so ersetzen Sie die Haut durch ein Stück Schinkenschwarte. Und wenn es etwas mehr nach Fisch schmecken soll, nehmen Sie statt Wasser Fischfond aus dem Glas.
Ganz lecker ist es auch, wenn Sie zum Schluß zu den gebratenen Kartoffeln noch 1 EL vom aromatischen Kürbiskernöl geben.
Sie können die Suppe auch vorbereiten: Dann wird sie vor dem Servieren nur noch aufgekocht, mit der Eigelbmischung verrührt und mit der frisch gebratenen Garnitur verziert.

Im Bild vorne: Kartoffelsuppe mit geräucherter Forelle
Im Bild hinten: Mecklenburger Kartoffelsuppe

Saure Kartoffeln

● Deftig
● Gut als Beilage

Dieses traditionelle Gericht läßt sich auch mit Pellkartoffeln vom Vortag zubereiten.

Für 4 Personen (als Beilage):

800 g festkochende Kartoffeln
Salz
8 Sardellenfilets in Salzlake
1 Zwiebel
2 EL Butter
2 EL Mehl
400 ml Fleischbrühe (Instant)
100 ml Gurkensud
1 Lorbeerblatt
4 Gewürzgurken
1 Bund Petersilie
1 EL Kräuteressig
1 TL scharfer Senf
Pfeffer

Zubereitungszeit: 50–60 Min.

Pro Portion ca.: 1170 kJ/280 kcal
13 g EW/8 g F/41 g KH

1 Die Kartoffeln waschen und in Salzwasser in 20–30 Min. bißfest kochen. Pellen und völlig abkühlen lassen. Gleichzeitig die Sardellen in 100 ml Wasser 30 Min. wässern.

2 Inzwischen die Zwiebel schälen und würfeln. Butter erhitzen und die Zwiebel darin glasig braten, das Mehl darüber stäuben und anschwitzen lassen.

3 Die Mehlschwitze mit der Brühe und dem Gurkensud unter Rühren aufgießen und aufkochen lassen. Mit dem Lorbeerblatt 10 Min. bei schwacher Hitze unter Rühren kochen lassen.

4 Die Kartoffeln und die Gewürzgurken in dünne Scheiben, die Sardellen in Stücke schneiden. Die Petersilie waschen, die Blättchen hacken.

5 Den Essig und den Senf in die Sauce rühren, mit Salz und Pfeffer abschmecken. Dann die Kartoffeln, Gurken und Sardellen darin erhitzen, zum Schluß die Petersilie vorsichtig einrühren.

TIPS!

Als Beilage passen saure Kartoffeln sehr gut zu gekochtem Rindfleisch, aber auch zu Kotelett oder Bratwurst werden sie geschätzt.
Oder Sie erwärmen mit den Kartoffeln gleich noch ein paar Würfel Braten- oder Kochfleisch in der Sauce – schon haben Sie ein richtiges Hauptgericht und sind die Sorgen um Ihre Reste los.

Brühkartoffeln auf italienische Art

● Vegetarisch
● Preiswert

Das Rezept ist als schmackhafte Beilage gedacht.

Für 4 Personen:

Salz
300 g frischer Blattspinat
3 Tomaten
4 Zweige frischer Oregano (ersatzweise 1 TL getrockneter)
1 Knoblauchzehe
800 g vorwiegend festkochende Kartoffeln
2 EL Olivenöl
3/4 l Hühnerbrühe (Instant)
Pfeffer
1 TL Zitronensaft

Zubereitungszeit: 50–60 Min.

Pro Portion ca.: 870 kJ/210 kcal
7 g EW/5 g F/35 g KH

1 Reichlich Salzwasser aufkochen lassen. Den Spinat gründlich waschen und putzen. Eiswasser bereitstellen. Spinat im Wasser 1–3 Min. aufwallen lassen, bis die Blätter zusammenfallen und in Eiswasser kurz abschrecken. Den Spinat gut ausdrücken und grob hacken.

2 Die Tomaten überbrühen, abschrecken und häuten. Tomaten vierteln und ohne Kerne und Stielansätze würfeln. Oregano waschen, die Blättchen grob hacken.

3 Den Knoblauch schälen und würfeln. Die Kartoffeln gründlich waschen, schälen und in 1 cm große Würfel schneiden.

4 Das Öl erhitzen. Knoblauch darin glasig braten. Oregano kurz mitbraten, dann die Kartoffeln und die Brühe dazugeben und alles 10–15 Min. kochen lassen, bis die Kartoffeln bißfest sind.

5 Spinat und Tomaten darin 3 Min. mitkochen lassen und die Brühkartoffeln mit Salz, Pfeffer und Zitronensaft abschmecken.

TIP!

Auf diese Weise sind Kartoffeln eine würzige Ergänzung zu Geflügel oder Fisch, die in einem würzigen Sud pochiert werden – oder eine belebende Mahlzeit für Kartoffelfans, die an heißen Tagen ihren Magen nicht so sehr belasten wollen. Und wenn's ganz schnell gehen soll, können Sie auch 100 g tiefgekühlten Blattspinat verwenden.

Ein Fest für die Pellkartoffel

● Braucht etwas Zeit
● Gut vorzubereiten

Wenn's nach ihr ginge, bräuchte es all die anderen Rezepte in diesem Buch gar nicht. Denn sie hat im besten Fall so viel Geschmack und Gehalt, daß sie selbst auf jede Raffinesse verzichten kann – sich aber um so lieber mit Raffiniertem umgibt. Es geht um die gute, alte Pellkartoffel, das Liebhaberstück für alle Freunde der tollen Knolle. Das ist sie auch für Sie? Dann laden wir Sie ein zur Pellkartoffelparty mit allem Drum und Dran.

Für 6–8 Personen:

Für den Bohnendip:
1 Dose weiße Bohnenkerne (850 g Inhalt)
100 ml Gemüsebrühe (Instant)
4 EL Olivenöl
4 Knoblauchzehen
50 g getrocknete, in Öl eingelegte Tomaten (Spezialitätengeschäft)
1 Bund Basilikum

Für die Kaviarbutter:
1 Bund Schnittlauch
200 g weiche Butter
Worcestersauce
Zitronensaft
50 g Forellenkaviar

Für den Möhrendip:
200 g körniger Frischkäse
100 g Quark (20 %)
1 TL geriebener Meerrettich (Glas)
1 Handvoll frischer Kerbel
200 g Möhren
1 Apfel (150 g)

Für die Speckstippe:
200 g durchwachsener Räucherspeck
200 g Zwiebeln
4 EL Öl
100 ml Gemüsebrühe (Instant)

Außerdem:
Salz · Pfeffer · Zucker
2 1/2 kg nicht zu große Kartoffeln verschiedener Kochtypen und Sorten (Seite 4/5)
Kümmel
6 Matjesfilets

Zubereitungszeit: 2 Std.

Bei 8 Personen pro Portion ca.:
3485 kJ/830 kcal
34 g EW/47 g F/72 g KH

1 Für den Bohnendip die Bohnen in einem Sieb abbrausen und abgetropft mit der Brühe pürieren. Das Öl erhitzen. Knoblauch schälen, würfeln, glasig braten. Bohnen darin bei schwacher Hitze zu einer Paste einkochen und abkühlen lassen. Tomaten gut abtropfen lassen und würfeln. Basilikum waschen, die Blättchen hacken. Beides mit der Paste verrühren, salzen und pfeffern.

2 Für die Kaviarbutter den Schnittlauch waschen und in Röllchen schneiden. Die Butter cremig rühren, mit Salz, Pfeffer und einigen Spritzern Worcestersauce und Zitronensaft mild abschmecken. Kaviar und Schnittlauch einrühren.

3 Für den Möhrendip Frischkäse, Quark und Meerrettich verrühren. Kerbel waschen, die Blättchen grob hacken. Möhren und Apfel schälen, putzen, grob raspeln und mit dem Dip vermischen. Mit Salz, Pfeffer und Zucker abschmecken.

4 45 Min. vor Beginn des Festes die Kartoffeln waschen und getrennt mit je 1 TL Kümmel in Salzwasser in 20–30 Min. bißfest kochen.

5 Inzwischen für die Stippe den Speck von Schwarte und Knorpeln befreien, die Zwiebeln schälen und beides würfeln. Den Speck im Öl auslassen, die Zwiebeln darin glasig braten. Mit der Brühe aufgießen, in einen flachen Topf geben und auf einem Fonduerechaud heiß stellen.

6 Die Matjes kurz mit kaltem Wasser abspülen, in 1 cm breite Streifen schneiden und in einer Schale mit den Dips auf den Tisch stellen.

7 Die gegarten Kartoffeln abgießen. Schüsseln mit Geschirrtüchern auslegen, die Kartoffeln nach Typ und Sorte getrennt hineingeben, die Tücher darüber schlagen und servieren.
Nun geht die Party los: Jeder sucht sich seine Lieblingskartoffeln heraus, pellt sie und genießt sie mit den Dips oder der heißen Stippe, durch die die Knollen samt einem Stück Matjes gezogen werden.

Die Pellkartoffel-Party wird gefeiert mit Speckstippe (unten), Möhrendip (Mitte links), Bohnendip (Mitte), Kaviarbutter (oben rechts) und Matjesfilets (ganz oben).

Auch Kartoffeln haben ihre Saison. Je nach Erntebeginn spricht man von neuen, mittelfrühen und mittelspäten bis späten Sorten. Die folgende Einteilung gilt für einheimische Kartoffeln.

Neue Kartoffeln

Sie reifen 80 (sehr frühe Sorten) bis 100 Tage (frühe Sorten) und werden von Mai/Juni bis zum 10. August geerntet. Sie sind meist vorwiegend festkochend (frühe Sorten auch schon festkochend) und von feinem, typischen Kartoffelgeschmack. Zu ihnen zählen die sehr früh geernteten Akula, Christa, Gloria, Rosara und Ukama sowie die früh geernteten Cilena, Forelle und Sieglinde. Wegen ihrer hohen Feuchtigkeit und dünnen Schale sollten sie rasch verbraucht werden.

Mittelfrühe Ernten

Ab dem 10. August werden sie eingefahren. Unter ihnen findet man viele Sorten (und die ersten mehligen), die einen ausgeprägten, aber nicht derben Geschmack haben und sich gut verarbeiten lassen. Sie eignen sich zum Einlagern für zwei bis vier Monate. Zu ihnen zählen Adretta, Agria, Exquisa, Hansa, Likaria.

Die Kartoffelernte erledigen in unseren Breiten inzwischen Maschinen; aber hier sieht man schön, wie die Knollen in der Erde liegen.

Aus Pfanne und Friteuse

Mittelspäte und sehr späte Ernten

Erntezeit ist September/Oktober. Die Kartoffeln werden zum Einlagern verwendet (manche reifen in dieser Ruhezeit erst zur Bestform), verschwinden jedoch immer mehr aus dem Angebot. Als eine der wenigen ist die Sorte Aula noch vertreten.

Importkartoffeln

Sie sind ein Grund fürs Verschwinden der späten Sorten. Denn wenn im Februar »Neue« aus dem Mittelmeerraum angeboten werden, sind die unansehnlichen »Alten« nicht mehr gefragt. Doch Vorsicht: Ein Sortenname kann im Ausland für einen ganz anderen Typ stehen als in Deutschland.

Bratkartoffeln – so gelingt's!

Ohne eine gute Pfanne geht nichts: Sie darf nicht anhängen und muß hohe Hitze vertragen. Besonders gut sind beschichtete Gußeisen- oder reine Eisenpfannen – keine Teflonpfannen! Hocherhitzbare neutrale Fette wie Pflanzenöl (kein kaltgepreßtes!) oder Butterschmalz eignen sich am besten zum Braten. Und so wird's gemacht: Kochen Sie festkochende Kartoffeln in der Schale bißfest und lassen Sie sie über Nacht auskühlen. Dann werden sie gepellt und in dünne Scheiben geschnitten. Nun erhitzen Sie das Fett (2 EL auf 500 g Kartoffeln) bei mittlerer Hitze in der Pfanne und verteilen die Kartoffeln darin. Braten Sie sie 10 Min., ohne sie zu bewegen. Dann die Hitze erhöhen und die Kartoffeln auf einer Seite in 3–5 Min. knusprig braten. Jetzt alles mit Salz und Pfeffer würzen, wenden und mit 2 weiteren EL Fett in 8 Min. genauso fertigbraten.

Fritierte Kartoffeln – so gelingt's!

Hocherhitzbares Pflanzenfett auf 180° erhitzen. Es darf nicht rauchen – andernfalls verbrennt es und wird ungenießbar. In der Friteuse läßt sich das leicht kontrollieren, aber auch im Topf geht's: entweder mit dem Thermometer oder mit einem Wassertropfen. Läßt er das Fett sofort gleichmäßig zischen, ist es heiß genug. »Kollert« es dumpf, ist's zu kalt, zischt es grell, ist's zu heiß.
Und die Stäbchenprobe: Wenn an einem hölzernen Kochlöffelstiel im Fett Bläschen hochsteigen, stimmt die Temperatur. Und so wird fritiert: Die Kartoffeln kurz vor der Zubereitung zuschneiden. Nun das Fett erhitzen. Es sollte die Friteuse oder den Topf nur zu drei Vierteln füllen, damit es nicht überschäumt. Die Kartoffeln in einem Sieb ins Fett halten und fritieren. Geben Sie nicht zu viele auf einmal ins Fett, sonst wird es zu kalt und die Stücke saugen sich mit Fett voll. Sobald die Stücke knusprig gebraten sind, werden sie herausgehoben, abgetropft und auf einer Lage Küchenpapier entfettet. Dann mit Salz würzen und sofort servieren.

Gute Pfannen sind die wichtigste Grundlage für das Gelingen von Bratkartoffeln.

Kartoffelomelett

● Raffiniert
● Gelingt leicht

Hier können Sie fertige Pellkartoffeln verwenden.

Für 4 Personen:

600 g festkochende Kartoffeln
Salz
2 Frühlingszwiebeln
150 g Erbsen (tiefgekühlt)
2 EL Butter
Pfeffer · Zucker · 5 EL Öl
200 g gegarte und geschälte Krabben
1 Bund feingehackter Dill
5 Eier

Auskühlzeit: über Nacht
Zubereitungszeit: 1 1/2 Std.

Pro Portion ca.: 1670 kJ/400 kcal
22 g EW/21 g F/30 g KH

1 Kartoffeln waschen und in Salzwasser in 20–30 Min. bißfest kochen. Gleich pellen und ganz auskühlen lassen.

2 Frühlingszwiebeln putzen, waschen und in Ringe schneiden. Mit den Erbsen in der Butter andünsten und zugedeckt bei mittlerer Hitze mit 1 EL Wasser 10 Min. garen. Mit Salz, Pfeffer und Zucker würzen. Inzwischen die Kartoffeln in dünne Scheiben schneiden.

3 In einer feuerfesten Pfanne (26 cm Ø) 3 EL Öl erhitzen und die Kartoffeln darin verteilen. Bei mittlerer Hitze etwa 10 Min. braten, ohne sie zu bewegen. Dann die Hitze erhöhen und die Kartoffeln in 5 Min. knusprig braten. Den Backofen auf 200° vorheizen.

4 Kartoffeln mit Salz und Pfeffer würzen, wenden, im übrigen Öl in 5–7 Min. auf die gleiche Weise fertigbraten. Zum Schluß die Erbsen, Krabben und Dill dazugeben und alles durchschwenken.

5 Die Eier schaumig schlagen und in die Pfanne gießen. 1 Min. stocken lassen, dann die Pfanne für 10–12 Min. in den Backofen (Mitte) schieben, bis die Eimasse gestockt ist.

TIP!

Sie können das Gericht auch nur auf dem Herd zubereiten: Lassen Sie dazu die Eimasse fast ganz stocken, legen Sie einen Teller auf die Pfanne und stürzen Sie das Omelett darauf. Dann noch etwas Öl in der Pfanne erhitzen, das Omelett wieder hineingleiten lassen und fertigbraten.

Kartoffelpfanne mit Artischocken

● Vegetarisch
● Gut als Beilage

Für dieses mediterrane Kartoffelgericht sollten Sie besonders junge Artischocken verwenden, die man im Ganzen gegart essen kann. Fragen Sie Ihren Gemüsehändler danach, es gibt sie nicht immer. Das Gericht ist leicht, für heiße Tage, paßt aber auch als Beilage zu Fisch oder Geflügel.

Für 4 Personen:

800 g kleine festkochende Kartoffeln
3 Knoblauchzehen
3 Zweige Rosmarin
Salz
2 junge Artischocken (je 150 g, ersatzweise 6 Artischockenherzen aus dem Glas)
6 EL Olivenöl
1 TL Zucker
6 EL Aceto Balsamico (Balsamessig)
Pfeffer
Mehl zum Wenden

Zubereitungszeit: 1 1/4 Std

Pro Portion ca.: 1120 kJ/270 kcal
5 g EW/31 g F/36 g KH

1 Die Kartoffeln gründlich waschen. Knoblauch schälen, Rosmarin abbrausen. Kartoffeln mit 2 Knoblauchzehen und 1 Rosmarinzweig in Salzwasser in 20–25 Min. bißfest kochen lassen, pellen. Vom übrigen Rosmarin die Nadeln abstreifen und hacken.

2 Inzwischen die Artischocken waschen, achteln und von Stielen und Heu befreien. 4 EL Öl erhitzen. Artischocken im Mehl wenden, bei schwacher Hitze in 10 Min. im Öl bißfest und knusprig braten und aus der Pfanne nehmen. Artischockenherzen aus der Dose nur halbieren.

3 Die Pfanne auswischen. Übriges Öl darin erhitzen, den restlichen Knoblauch darin 1 Min. anbraten und herausnehmen. Kartoffeln im Öl bei schwacher Hitze 10 Min. braten. Die Hitze erhöhen, Rosmarin und Zucker darüber streuen und die Kartoffeln in 5 Min. unter öfterem Wenden knusprig braten.

5 Artischocken dazugeben und die Hitze reduzieren. Essig dazugießen und unter ständigem Schütteln der Pfanne zu Sirup einkochen lassen, der die Kartoffeln gleichmäßig überzieht. Mit Salz und Pfeffer würzen.

VARIANTE

Für ein eigenständiges Gericht können Sie ein paar Streifen aus Fisch- oder Geflügelfleisch knusprig braten und zum Schluß zur Pfanne geben. Oder Sie garen am Ende noch kurz etwas zerpflückten Thunfisch aus der Dose mit.

**Im Bild vorne: Kartoffel–pfanne mit Artischocken
Im Bild hinten: Kartoffel–omelett**

Kartoffelhacksteaks

● Preiswert
● Deftig

Für 4–6 Personen:

1 altbackenes Brötchen
100 ml Milch
2 Frühlingszwiebeln
100 g Champignons
100 g durchwachsener
Räucherspeck
1 Bund Petersilie
8 EL Butterschmalz
500 g mehligkochende
Kartoffeln
400 g gemischtes Hack-
fleisch
2 Eier
Salz · Pfeffer

Zubereitungszeit: 1 Std.

Bei 6 Personen pro Portion ca.:
2300 kJ/550 kcal
13 g EW/32 g F/65 g KH

1 Das Brötchen würfeln und in der Milch einweichen. Frühlingszwiebeln putzen, längs halbieren, waschen und in Streifen schneiden. Champignons putzen und hacken, den Speck ohne Schwarte fein würfeln. Petersilie waschen und die Blättchen hacken.

2 1 EL Butterschmalz erhitzen und den Speck darin anbraten. Die Frühlingszwiebeln und die Pilze bei mittlerer Hitze 1 Min. mitbraten. Petersilie kurz mitbraten, dann alles herausnehmen und abkühlen lassen.

3 Das Brötchen gut ausdrücken. Kartoffeln gründlich waschen, schälen und fein raspeln. Die Masse in ein Geschirrtuch geben, gut ausdrücken und mit Brötchen, Hackfleisch, Eiern und der Speckmischung vermengen. Mit Salz und Pfeffer würzen.

4 Aus der Masse 6–8 Küchlein formen. Übriges Fett erhitzen und die Küchlein darin bei mittlerer Hitze in 15–20 Min. auf beiden Seiten langsam knusprig braten. Dazu paßt ein mit einer sauren Sahnesauce angemachter Endiviensalat oder ein Joghurtdip mit vielen Kräutern.

Kartoffelcanapés

● Raffiniert
● Braucht etwas Zeit

Für 6 Personen:

Für das Portwein-Haschee:
2 Schalotten
1 TL Thymian · 3 EL Öl
200 g Rinderhackfleisch
400 ml Rotwein
50 ml dunkler Portwein
2 EL gehobelte Mandeln
1 EL gehackte Petersilie

Für den Honiglauch:
200 g Lauch
200 ml Weißwein (ersatz-weise Gemüsebrühe)
1 EL Honig
1 TL Koriandersamen
1 TL Zitronensaft
3 EL Schnittlauchröllchen

Für den Senflachs:
200 g Graved Lachs in dünnen Scheiben
1 Frühlingszwiebel
1 Bund gehackter Dill
1 EL Rotisseur-Senf (ersatzweise mittelscharfer)

Außerdem:
Salz · Pfeffer
400 g vorwiegend fest-kochende Kartoffeln
etwa 100 g Butterschmalz

Zubereitungszeit: 1 3/4 Std.
Pro Person ca.: 1850 kJ/440 kcal
15 g EW/30 g F/15 g KH

1 Für das Haschee Schalotten schälen, würfeln und mit dem Thymian in 2 EL Öl glasig braten. Hackfleisch mitbraten und mit etwas Wein ablöschen, bei schwacher Hitze einkochen lassen. Wiederholen, bis der Wein nach 30 Min. verbraucht ist.

Portwein mit einkochen lassen. Haschee salzen, pfeffern und mit übrigen Zutaten vermengen.

2 Für den Honiglauch Lauch putzen, längs halbieren, waschen und in Streifen schneiden. Mit Honig, Koriander und Zitrone 5–10 Min. sirupartig einköcheln lassen. Mit Salz und Pfeffer würzen und abgekühlt mit Schnittlauch vermengen.

3 Für den Senflachs Lachs in Streifen schneiden. Zwiebel putzen, längs halbieren, waschen und in Streifen schneiden. Alles mit Dill und Senf vermischen.

4 Kartoffeln waschen, schälen und in dünne Scheiben hobeln. In einer Pfanne 1/2 cm hoch Butterschmalz erhitzen. Kartoffeln darin knusprig braten.

5 Canapés auf Küchenpapier abfetten lassen, mit Salz und Pfeffer würzen und mit Haschee, Lauch oder Lachs belegen.

Die Kartoffelcanapés sind belegt mit Senflachs (oben und unten), Honiglauch (2. von unten) und Portwein-Haschee (2. von oben).

Rösti mit Kasseler und Käsesauce

● Braucht etwas Zeit
● Deftig

Eine echte Schweizer Rösti ist außen knusprig (vor allem am Rand), innen saftig und so groß wie die Pfanne, aus der sie kommt. Am besten gelingt sie mit Raspeln von halbgaren Pellkartoffeln vom Vortag, die vor dem endgültigen Formen wie Bratkartoffeln angeröstet werden. Ganz wichtig: Die Pfanne muß »laufen«, die Rösti darf also auf keinen Fall haften bleiben.

Für 4 Personen:

Für die Rösti:
600 g festkochende Kartoffeln
5 EL Butterschmalz
Für das Ragout:
400 g gegartes Kasseler ohne Knochen
1 Bund Schnittlauch
100 g eingelegte Maiskölbchen (Glas)
100 g Appenzeller
125 g Sahne
2 Eigelbe
Außerdem:
Salz · Pfeffer

Auskühlzeit: über Nacht
Zubereitungszeit: 1 1/2 Std.

Pro Portion ca.: 2470 kJ / 655 kcal
24 g EW / 52 g F / 24 g KH

1 Für die Rösti am Vortag die Kartoffeln gründlich waschen und in Salzwasser in 15–20 Min. nicht ganz bißfest kochen, so daß sie noch einen festen Kern haben. Die Kartoffeln in der Schale abkühlen lassen.

2 Am nächsten Tag die Kartoffeln pellen und die Knollen möglichst mit der Handreibe grob reiben. 4 EL davon abnehmen und für das Ragout aufheben.

3 Für das Ragout das Kasseler vom Fett befreien und in 1 cm große Würfel schneiden. Den Schnittlauch waschen und in Röllchen schneiden.

4 Die Maiskölbchen abgießen, dabei 1/8 l Einlegesud auffangen. Maiskölbchen in Scheiben schneiden. Den Käse fein reiben und mit den 4 EL Kartoffelraspeln, dem Sud und 1/8 l Wasser kochen lassen, bis der Käse geschmolzen ist.

5 3 EL Butterschmalz in einer Pfanne von 26 cm Ø erhitzen. Die geriebenen Kartoffeln darin verteilen und bei schwacher Hitze 3 Min. anbraten, ohne sie zu wenden.

6 Dann die Hitze erhöhen und die Kartoffeln unter seltenem Wenden weitere 3 Min. braten, so daß sie zum Teil etwas knusprig sind, jedoch nicht völlig trocken werden. Die Masse mit Salz und Pfeffer würzen.

7 Nun mit der Palette oder dem Pfannenheber eine Rösti formen: Dazu die Masse in der Pfanne glattstreichen, so daß sie in der Mitte 1–2 cm dick und an den Rändern glatt und etwas abgeflacht ist.

8 Von der Seite noch 1 EL Butterschmalz unter diesen Fladen laufen lassen, dabei die Pfanne schräg halten und drehen, damit sich das Fett verteilen kann. Die Rösti in 5 Min. bei mittlerer Hitze auf einer Seite knusprig braten. Sollte sie dann noch anhaften, die Rösti vorsichtig mit einer biegsamen Palette vom Pfannenboden lösen.

9 Dann einen Teller oder Deckel ohne Rand auf die Pfanne setzen und die Rösti darauf stürzen. 1 EL Butterschmalz in der Pfanne zerlassen und die Rösti mit der knusprigen Seite nach oben wieder hineingleiten lassen. In 3–5 Min. auch die andere Seite knusprig braten. Die Rösti warm stellen.

10 Das Kasseler und die Maiskölbchen in der Käsesauce erhitzen. Den Schnittlauch dazugeben. Die Sahne mit den Eigelben verquirlen. Eine Schöpfkelle heiße Sauce einrühren, dann die Sahne in die Sauce rühren. Sie darf nun nicht mehr kochen.

11 Die Rösti vierteln, auf Tellern verteilen und mit dem Ragout servieren.

VARIANTE

Röstis eignen sich auch sehr gut zum Überbacken. Sie können sie z. B. mit angerösteten Zwiebeln, gebratenen Speckscheiben oder Champignons belegen (oder mit allem zusammen), ein paar Scheiben gut schmelzendem Schnittkäse (z. B. Appenzeller oder Emmentaler) darüber legen und dies unter den Grill schieben, bis der Käse zerläuft.

TIP!

Wenn Ihnen das Wenden mit dem Teller zu riskant ist, können Sie die Rösti auch im Backofen fertiggaren. Dazu wird sie, wie beschrieben, bis zum Punkt 8 vorbereitet und mit 1 EL Butterschmalz oder Butter bepinselt. In den 200° heißen Backofen (Mitte, Umluft 180°) schieben und 10 Min. garen, bis die Oberfläche gebräunt ist. Hierfür muß der Stiel der Pfanne hitzefest sein!

Dätscher mit Kompott

● Preiswert
● Gut als Beilage

Dies ist sozusagen die üppige Verfeinerung des Kartoffelpuffers aus Nordhessen und Thüringen.

Für 8–12 Dätscher:

Für das Kompott:
200 g gemischte Waldbeeren (frisch oder tiefgekühlt)
2 säuerliche Äpfel (z. B. Boskop; etwa 300 g)
1 TL Zitronensaft
2 TL Speisestärke
150 ml ungesüßter Holundersaft (Reformhaus)
3 EL Zucker
Für die Dätscher:
2 Eier · 2 EL saure Sahne
2 EL blütenzarte Haferflocken
700 g mehligkochende Kartoffeln
1 Zwiebel · Salz
reichlich Öl zum Braten

Zubereitungszeit: 1 Std.

Bei 4 Personen pro Portion ca.:
1255 kJ/300 kcal
10 g EW/5 g F/49 g KH

1 Für das Kompott frische Beeren waschen und putzen, tiefgekühlte auftauen lassen. Äpfel schälen, halbieren, entkernen, würfeln und mit dem Zitronensaft mischen.

2 Stärke mit 2 EL Holundersaft glattrühren. Äpfel mit dem Zucker im übrigen Saft und 100 ml Wasser aufkochen lassen,

die Beeren und die Stärke einrühren und 1 Min. kochen lassen. Die Hälfte der Früchte herausnehmen, den Rest im Topf zerstampfen und die Früchte wieder dazugeben. Abkühlen lassen.

3 Für die Dätscher die Eier trennen. Eigelbe mit saurer Sahne und Haferflocken verrühren. 10 Min. quellen lassen.

4 Kartoffeln waschen, wie die Zwiebel schälen und beides fein reiben. Die Masse in einem Küchentuch sehr gut ausdrücken und mit der Eiersahne verrühren. Mit Salz würzen.

5 Eiweiße mit 1 Prise Salz steif schlagen und unter die Masse ziehen. Reichlich Öl in einer Pfanne erhitzen, je 1 EL Masse hineinsetzen und glattstreichen. Die Dätscher so nacheinander in 3–5 Min. auf beiden Seiten knusprig braten und mit dem Kompott servieren.

TIP!

Schneller geht's in zwei Pfannen – dann haben auch die letzten Dätscher noch genug Luft vom Eischnee.

Kartoffelpuffer auf drei Arten

● Raffiniert
● Braucht etwas Zeit

Was ein echter Kartoffelpuffer ist, der braucht kein Ei – die Stärke der richtigen Kartoffel reicht aus, um dem Puffer Halt zu geben, ohne daß er dabei trocken wird.

Für je 6–8 Puffer:

Für italienische Puffer:
6 Sardellenfilets
100 ml Mineralwasser
1 Bund glatte Petersilie
1 EL kleine Kapern (Nonpareilles; ersatzweise normale Kapern)
1 Knoblauchzehe
50 g frisch geriebener Parmesan
Für indische Puffer:
1 TL Koriandersamen
1 EL Sesamsamen
1 EL Currypulver
4 Frühlingszwiebeln
1 Stück frischer Ingwer (etwa haselnußgroß)
Für klassische Puffer:
1 Zwiebel
Außerdem:
1,2 kg mehligkochende Kartoffeln
Salz · Pfeffer
reichlich Butterschmalz zum Braten
200 g Schmand (ersatzweise Crème fraîche)
200 g Joghurt

Zubereitungszeit: 1 1/2 Std.

Bei 4 Personen pro Portion ca.:
2850 kJ/700 kcal
17 g EW/44 g F/57 g KH

1 Für die italienischen Puffer die Sardellen 30 Min. im Mineralwasser einlegen, dann kleinschneiden. Petersilie waschen und die Blättchen hacken. Nur die normalen Kapern hacken. Knoblauch schälen und würfeln.

2 Für die indischen Puffer Koriander- und Sesamsamen in einer trockenen Pfanne 1 Min. rösten, Curry dazugeben und alles abkühlen lassen. Frühlingszwiebeln putzen, längs halbieren, waschen und in feine Streifen schneiden. Ingwer schälen und reiben.

3 Für die klassischen Puffer die Zwiebel schälen und reiben.

4 Die Kartoffeln gründlich waschen, schälen und nicht zu fein reiben. Die Masse in einem Tuch so ausdrücken, daß sie noch etwas feucht ist.

5 Die Masse dritteln. Je ein Drittel mit den vorbereiteten Zutaten mischen. Mit Salz und Pfeffer würzen.

6 Reichlich Fett in einer Pfanne erhitzen. Mit dem Eßlöffel jeweils etwas

Masse in das Fett setzen
und glattstreichen. Die
Puffer nacheinander in
etwa 3–5 Min. auf beiden
Seiten knusprig braten.
Fertige Puffer warm hal-
ten. Schmand und Joghurt
verrühren und zu den
Puffern servieren.

TIP!

Sie wollen nur eine Sorte
Puffer braten? Kein Pro-
blem – Sie brauchen nur
die jeweils ergänzenden
Zutaten zu verdrei-
fachen. Den Dip können
Sie nach Lust und Laune
abwandeln – etwa mit
Tomaten für die itali-
enischen und Mango-
Chutney für die indi-
schen Puffer. Und zum
Klassiker paßt natürlich
ganz klassisch Apfelmus.

**Im Bild vorne: Dätscher
mit Kompott
Im Bild hinten: Karoffel-
puffer auf indische
(vorne), klassische (Mitte)
und italienische Art
(hinten).**

Fish and Chips

● Braucht etwas Zeit
● Preiswert

Sie gehören zur englischen Küche wie der Ehrentreffer zu einem mißglückten Fußballspiel: Fish 'n' chips. Frisch fritiert, gewürzt mit Salz und Essig und nach alter Sitte aus einer Papiertüte genossen, sind sie ein echter Volltreffer.

Für 4 Personen:

700 g Kabeljau
Malzessig (ersatzweise Obstessig)
Salz · weißer Pfeffer
1 Ei · 100 g Mehl
70 g Speisestärke
2 EL gehackter Sauerampfer (ersatzweise Petersilie)
700 g festkochende Kartoffeln mit dünner Schale
1 kg Fett zum Fritieren
Mehl zum Wenden

Zubereitungszeit: 1 1/4 Std.

Pro Portion ca.: 1910 kJ/695 kcal
40 g EW/33 g F/59 g KH

1 Den Fisch in 2 cm breite Streifen schneiden. Mit 2 EL Essig, Salz und Pfeffer 20 Min. marinieren. Das Ei trennen und das Eigelb mit 1/4 l Wasser, Mehl, Stärke, Sauerampfer, Salz und Pfeffer verrühren.

2 Fett auf 150° erhitzen. Gleichzeitig Kartoffeln gut waschen, abtrocknen und mit Schale in 1 cm dicke Stäbchen schneiden. Kartoffeln nacheinander jeweils 2 Min. fritieren, bis sie zu bräunen beginnen. Auf Küchenpapier abfetten. Fett auf 170° erhitzen.

3 Eiweiß steif schlagen und unter den Teig heben. Fisch portionsweise im Mehl wenden, durch den Teig ziehen und im Fett in etwa 2 Min. fast gar fritieren. Auf Küchenpapier abfetten. Fett auf 180° erhitzen.

4 Jede Portion Fish and Chips nun in 1 Min. knusprig fritieren, abtropfen lassen und mit Salz und Essig würzen.

TIP!

Auch wenn die Drei-Temperaturen-Methode erst Mühe macht, im entscheidenden Moment spart sie Zeit. Denn so können Sie alles schon bis zu 1 Std. vor dem letzten Fritieren bereitstellen und müssen nur noch für den letzten Durchgang kurz an der Friteuse stehen. Aber natürlich geht's auch auf die herkömmliche Art, indem Sie alles nacheinander bei konstanten 180° fritieren.

Kartoffel-Pakora

● Raffiniert
● Vegetarisch

Pakora sind indische Beignets, die in einem würzigen Teig aus Kichererbsenmehl ausgebacken werden. Gut für die Verwertung von Kartoffeln vom Vortag.

Für 4 Personen:

Für die Pakora:
1 kg festkochende Kartoffeln
1/2 TL Kümmel
1 TL Currypulver
1/2 TL Kurkuma
1/2 TL Paprika, edelsüß
250 g Kichererbsenmehl (Asienladen, ersatzweise Weizenmehl)
1 TL Backpulver
2 EL Öl
Fett zum Fritieren
Für den Salat:
1/2 Salatgurke
2 Tomaten · 200 g Joghurt
100 g saure Sahne
1 TL Honig
1 Msp. gemahlener Kümmel
Außerdem:
Salz · Cayennepfeffer
7 Zweige Koriandergrün (Asienladen; ersatzweise glatte Petersilie)

Zubereitungszeit: 2 Std.

Pro Portion ca.: 2105 kJ/500 kcal 15 g EW/12 g F/88 g KH

1 Für die Pakora die Kartoffeln gründlich waschen, in Salzwasser in 20–30 Min. bißfest kochen und abkühlen lassen.

2 Inzwischen Kümmel hacken und mit übrigen Gewürzen in einer trockenen Pfanne 30 Sek. anrösten. Mehl mit Gewürzen, Backpulver und 1 TL Salz mischen. Nach und nach mit Öl und 1/4 l Wasser zu einem glatten Teig verrühren. Koriander waschen, die Blätter hacken und zur Hälfte in den Teig rühren. 1 Std. quellen lassen.

3 Inzwischen für den Salat Gurke schälen, längs vierteln, entkernen und in Scheiben schneiden. Tomaten überbrühen, häuten und ohne Stielansätze und Kerne würfeln.

4 Joghurt, saure Sahne, Honig und restliches Koriandergrün verrühren, mit Kümmel, Cayennepfeffer und Salz abschmecken und mit dem Gemüse vermengen.

5 Fett auf 180° erhitzen (Seite 17). Die ungeschälten Kartoffeln längs in dünne Scheiben schneiden. Diese nacheinander durch den Teig ziehen und im heißen Fett auf jeder Seite in 3–4 Min. goldgelb ausbacken. Auf Küchenpapier abfetten lassen, mit dem Salat servieren.

Aus dem Ofen

Für die einen ist die Kartoffel nur ein Sattmacher. Für die anderen aber ist sie die unscheinbarste Delikatesse der Welt. Dabei sind die Unterschiede in Qualität und Verwendbarkeit größer als bei anderen Gemüsearten. Wie nun vermeiden, daß man blind die Kartoffel im Sack kauft? Unser Tip: Schauen Sie auf den Sack.

Die Handelsklassen

Kartoffeln werden meist in Beuteln zu 2,5 oder 5 kg angeboten und darauf »vorgestellt«. Außer Kochtyp, Sorte, Gewicht und Adresse des Händlers oder Verpackers wird die Handelsklasse genannt: »1« oder »Extra«, die höhere Wertung. Diese sagt vor allem etwas über den praktischen Wert der Knollen aus. Geschmack ist nur eines von vielen Kriterien neben Haltbarkeit, Robustheit, Aussehen, Sauberkeit und Verwertbarkeit.

Die richtige Kartoffel – nicht leicht zu haben

Erst die schlechte Nachricht: Begraben Sie den Wunsch nach der perfekten Allzweckkartoffel. Es gibt sie nicht. Es gibt nur die Behauptung, daß der Verbraucher nach solch einem Produkt verlangt, weswegen es immer noch das Ziel zu vieler Züchter ist.

Nun die gute Nachricht: Die richtigen Kartoffeln zur richtigen Zeit fürs richtige Gericht – die hat's schon immer gegeben. Und Sie können sie finden, wenn Sie stets die Sorten der Saison ausprobieren oder zumindest bei Ihrem Händler hartnäckig danach fragen.

Mit Verstand eingekauft

Denken Sie daran: In Plastiksäcken schwitzen die Knollen, was sie schnell verderben läßt. Und sie bekommen darin zuviel Licht ab – wenn auch nicht so viel wie in Kartoffelnetzen. Abgepackte Kartoffeln sind in Papiertaschen am besten aufgehoben, so wie sie schon länger im Öko-Handel und nun auch in anderen Läden zu haben sind. Lose Ware ist eine gute Alternative – wenn sie dunkel angeboten und stets aufgefrischt und sortiert wird.
Greifen Sie am Marktstand auch zu »knolligen« Knollen, die sich zwar nicht so leicht verarbeiten lassen, dafür aber oft viel Aroma bieten, wie etwa die Bamberger Hörnchen. Auch über die Erde am Erdapfel dürfen Sie sich

freuen, denn sie macht ihn auf natürliche Weise haltbarer.
Und wenn in Ihrer Nähe ein Bauer Kartoffeln ab Hof verkauft, fahren Sie hin. Zwar muß die Qualität dort nicht besser als im Laden sein, doch Sie können sie durch Fragen besser überprüfen und nebenbei oft Neues über die Kartoffel lernen.

Kartoffeln auf Vorrat

Der beste Platz für Kartoffeln liegt unter der Erde – und deswegen fühlt sie sich auch in Kellern mit natürlichem Klima so wohl. Dunkel, trocken, luftig und konstant kühl braucht's die Kartoffel, um lange liegen zu können. Dunkelheit vermeidet das Auskeimen und die Entwicklung des giftigen Solanins (zu erkennen an grünen Flecken), Trockenheit bewahrt vor dem Faulen, und bei Temperaturen zwischen 3° und 6° reift die Kartoffel nur sehr langsam nach. Ein belüfteter Schrank an einem kühlen Ort in der Wohnung kann so ein besserer Ort für sie sein als der Heizungskeller – und meist auch die zu warme Küche. Bei normaler

Zimmertemperatur sollten Kartoffeln nicht länger als drei bis vier Wochen aufbewahrt werden. Bei Temperaturen um den Nullpunkt dagegen setzt sich die Stärke zu sehr in Zucker um und die Knollen werden süß. Ist das passiert, müssen Kartoffeln sogar ins Warme, um den Prozeß umzukehren.

Ofenkartoffeln – so gelingt's

Am besten schmecken Ofenkartoffeln von den feuchteren festkochenden und vorwiegend festkochenden Sorten. Vor dem Garen werden sie gut gewaschen.
Für Folienkartoffeln brauchen Sie 150–250 g schwere Knollen (für gefüllte gehen auch bis zu 100 g kleine), die Sie mit der Gabel einstechen und in Alufolie wickeln. Für Aroma können Gewürze (z. B. Kümmel, Koriander, grober Pfeffer) oder Kräuter (z. B. Majoran, Thymian, Oregano, Rosmarin) in der Folie sorgen. Die Kartoffel wird in eine Form auf ein etwa 2 cm hohes Salzbett oder auf ein Gitter gesetzt und im 200° heißen Ofen je nach Größe 50–90 Min. gegart. Für geröstete Ofenkartoffeln kommen dünnschalige Knollen (je etwa 50 g) mit Öl (6 EL auf 1 kg), Gewürzen und Kräutern in den Bräter und werden dann unter öfterem Wenden 1–1 1/2 Std. bei 175° (Umluft 160°) im Backofen gegart und samt Schale genossen.

Kräuter oder Gewürze geben Folienkartoffeln ein feines Aroma

Kartoffeln im Näpfchen

● Gut als Beilage
● Vegetarisch

Diese kleinen Gratins eignen sich sowohl als kleines Zwischengericht wie auch als Vorspeise vor einem leichten Hauptgang – und sind auch eine feine Beilage zu dunklen Braten, z. B. vom Wild.

Für 4 Gratinförmchen à etwa 400 ml Inhalt:

1 Bund Frühlingszwiebeln
1 fester aromatischer Apfel (z. B. Cox Orange)
1 TL Zitronensaft
600 g kleine vorwiegend festkochende Kartoffeln
3 EL Butter
Salz · weißer Pfeffer
frisch geriebene Muskatnuß
200 g Sahne
100 g Crème fraîche
Butter für die Förmchen

Zubereitungszeit: 50–60 Min.
Pro Portion ca.: 1350 kJ/320 kcal
5 g EW/19 g F/33 g KH

1 Frühlingszwiebeln putzen, in 4 cm lange Stücke schneiden, waschen und abtropfen lassen. Den Apfel schälen, vierteln, entkernen und die Viertel nochmals halbieren. Mit dem Zitronensaft vermischen

2 Die Kartoffeln gründlich waschen, schälen und halbieren, größere Knollen vierteln. Die Butter in einem Topf zerlassen und die Kartoffeln darin bei schwacher Hitze 5-8 Min. braten, so daß sie leicht gebräunt sind.

3 Frühlingszwiebeln 1 Min. mitbraten, Apfel dazugeben und mit Salz, Pfeffer und Muskat würzen. Den Backofen auf 200° vorheizen.

4 Sahne und Crème fraîche zu den Kartoffeln geben und alles 2 Min. kochen lassen. Diese Mischung auf vier gebutterte Gratinförmchen verteilen.

5 Die Gratins im Backofen (oben, Umluft 180°) 20–25 Min. (je nach Größe der Kartoffeln) garen, bis die Kartoffeln gar sind und die Flüssigkeit sämig eingekocht ist.

> ### TIP!
> Wenn Sie keine Förmchen haben, können Sie das Gericht auch in einer größeren Gratinform zubereiten, wobei sich die Garzeit dabei um etwa 10 Min. verlängert.

Kartoffelgratin mit Gemüse und Salami

● Preiswert
● Braucht etwas Zeit

Für 4 Personen:

400 g Sahne
150 ml Milch
100 g Emmentaler
frisch geriebene Muskatnuß
1 Stange Lauch
200 g Möhren
200 g Salami
400 g mehligkochende Kartoffeln
1 Knoblauchzehe
Salz · Pfeffer
Butter für die Form

Zubereitungszeit: 50 Min.
Backzeit: 1 Std.–1 Std. 20 Min.

Pro Portion ca.: 2450 kJ/585 kcal
20 g EW/45 g F/27 g KH

1 Die Sahne mit der Milch aufkochen lassen. Den Käse hineinreiben und schmelzen lassen. Die Käsesahne mit Muskat würzen und abkühlen lassen.

2 Den Lauch putzen, längs halbieren, waschen und in Streifen schneiden. Die Möhren schälen und in dünne Scheiben schneiden. Die Salami pellen und in etwa 5 mm dicke Scheiben schneiden. Die Kartoffeln waschen, schälen und in dünne Scheiben schneiden. Den Backofen auf 180° vorheizen.

3 Knoblauch schälen, halbieren und mit den Schnittflächen eine flache Auflaufform ausreiben. Die Form buttern. Kartoffeln, Gemüse und Salami darin fächerförmig einlegen. Dabei jede Lage mild würzen und mit Käsesahne knapp bedecken.

4 Das Gratin im Ofen (Mitte, Umluft 160°) 50–60 Min. garen, bis die Flüssigkeit sämig eingekocht ist. Die Hitze auf 200° erhöhen und das Gratin weitere 15–20 Min. garen, bis die Oberfläche leicht gebräunt ist.

VARIANTEN

Sie können auch Scheiben von Schalotten, Champignons, Rüben aller Art, rohem Schinken oder Speck in Ihrem Auflauf geschmackvoll »einbauen«. Achten Sie aber darauf, daß noch genug Kartoffeln enthalten sind, um dem Ganzen die richtige Bindung zu geben.

Das **Gratin dauphinois** ist die klassische Beilage, etwa zu einem rosa gebratenen Entrecôte. Dabei wird in der wie oben vorbereiteten Form eine dichte Lage roher Kartoffelscheiben aufgefächert, mit Salz und Pfeffer gewürzt und knapp mit Sahne bedeckt. 45 Min. im 180° heißen Backofen (Mitte, Umluft 160°) backen, anschließend 10–15 Min. bei 200° (Umluft 180°) überbacken.

Im Bild vorne: Kartoffeln im Näpfchen
Im Bild hinten: Kartoffelgratin mit Gemüse und Salami

Toulouser Gratin

● Vegetarisch
● Gut als Beilage

Für 4 Personen:

100 g Möhren	
100 g Kohlrabi	
100 g Staudensellerie	
100 g Gruyère oder Raclette-Käse	
400 g mehligkochende Kartoffeln	
200 ml Gemüsebrühe (Instant)	
50 g Crème fraîche	
3 Eigelbe	
1 Ei	
Salz · Pfeffer	
frisch geriebene Muskatnuß	
Butter für die Form	

Zubereitungszeit: 1 1/2 Std.

Pro Portion ca.: 1375 kJ/330 kcal
14 g EW/20 g F/24 g KH

1 Die Möhren und den Kohlrabi schälen. Den Staudensellerie waschen und putzen, dabei 10 Sellerieblätter beiseite legen. Die Stangen in sehr dünne Scheiben schneiden, die Blätter hacken. Den Käse grob reiben.

2 Die Kartoffeln waschen, schälen und wie die Möhren und den Kohlrabi in grobe Streifen raspeln. Die Brühe aufkochen und darin das Gemüse sowie die Kartoffeln 5 Min. kochen lassen. Den Backofen auf 200° vorheizen.

3 Alles etwas abkühlen lassen und dann mit der Crème fraîche, den Eiern, dem Selleriegrün und dem Käse verrühren. Mit Salz, Pfeffer und Muskat abschmecken. Eine flache Auflaufform buttern, die Mischung darin verteilen.

4 Das Gratin im Backofen (Mitte, Umluft 150°) 40–50 Min. garen, bis die Masse gestockt und die Oberfläche etwas gebräunt ist.

TIP!

Da frisch geriebene Kartoffeln schnell braun werden, sollten Sie erst alle anderen Zutaten vorbereiten und dann die Kartoffeln kurz vor dem Garen reiben.

Provenzalische Kartoffeltarte

● Raffiniert
● Braucht etwas Zeit

Gut mit Kartoffelresten vom Vortag.

Für 1 Tarteform von 26 cm Ø:

400 g kleine festkochende Kartoffeln
Salz · 8 Sardellenfilets
100 ml Milch
6 EL Olivenöl
2 Bund Frühlingszwiebeln
200 g Zucchini
2 Knoblauchzehen
Pfeffer
100 g Ziegenkäse
230 g runder Blätterteig (oder 300 g eckiger tiefgekühlter)
1 TL Oregano
1 Eigelb
Backpapier und getrocknete Linsen zum Blindbacken

Zubereitungszeit: 1 Std. 20 Min.

Bei 4 Personen pro Portion ca.:
1665 kJ/400 kcal
14 g EW/27 g F/26 g KH

1 Kartoffeln in Salzwasser in 20–25 Min. bißfest kochen, pellen und abkühlen lassen. Gleichzeitig Sardellen in der Milch einlegen. Zucchini und Frühlingszwiebeln waschen und putzen. Zucchini in Scheiben schneiden und in 2 EL Öl anbraten. Zwiebeln in Ringe schneiden. Knoblauch schälen und würfeln. Beides in

2 EL Öl glasig braten, salzen und pfeffern.

2 Sardellen abtropfen lassen, in Stücke schneiden, Ziegenkäse würfeln. Kartoffeln in dünne Scheiben schneiden.

3 Den Backofen auf 200° vorheizen. Den Blätterteig ausrollen und in die Form legen. (Oder eckigen auftauen lassen, Platten aufeinanderlegen, ausrollen und ausschneiden.) Den Boden mit einer Gabel einstechen, mit Backpapier und den Linsen abdecken, im Backofen (Mitte, Umluft 180°) 5 Min. backen. Linsen und Backpapier entfernen und den Boden abkühlen lassen. Den Ofen auf 180° (Umluft 160°) schalten.

5 Die Zwiebelmasse auf dem Boden verteilen, mit Kartoffeln und Zucchini belegen. Sardellen, Ziegenkäse, Oregano und Pfeffer darüber streuen und mit dem übrigen Öl beträufeln.

6 Den Rand der Tarte mit dem verquirlten Eigelb bestreichen. Im Backofen (Mitte) 15–20 Min. garen.

Piemontesische Kartoffelpastete

🟢 Raffiniert
🔵 Braucht etwas Zeit

Im Piemont liebt man die üppigeren Genüsse, wobei die Betonung auf Genuß liegt. Und der ist vor allem dann gegeben, wenn einer der mächtigen Weinen dieses Landstrichs dabei ist – womit wir wieder beim Üppigen wären. Und damit bei dieser Pastete, gefüllt mit so manchen der besten Dinge, die man im Norden Italiens auf dem Teller haben kann. Für den guten Wein im Glas müssen Sie aber selbst sorgen. Wie der sein soll? Na so, wie man ihn im Piemont liebt: üppig und voller Genuß.

Für 1 Springform von 26 cm Ø:

Für den Teig:
250 g Quark (20 %)
250 g Mehl
1 Ei
3 EL Öl

Für die Füllung:
800 g vorwiegend festkochende Kartoffeln
2 Knoblauchzehen
6 Zweige frischer Thymian
200 g braune Champignons
200 g Steinpilze (ersatzweise Champignons)
100 g Parmaschinken in dünnen Scheiben
100 g Fontina (ersatzweise Raclette-Käse)

Außerdem:
Salz · Pfeffer
1 Eigelb zum Bestreichen
Butter für die Form

Zubereitungszeit: 1 Std.
Backzeit: 50–60 Min.

Bei 8 Personen pro Portion ca.:
1400 kJ/335 kcal
16 g EW/12 g F/42 g KH

1 Für den Teig vom Quark die Molke ablaufen lassen und den Quark in einem Küchentuch auspressen. Das Mehl sieben und mit Quark, Ei, Öl und 1/2 TL Salz verkneten, so daß ein glatter Teig entsteht. Diesen in Folie einschlagen und 30 Min. in den Kühlschrank legen.

2 Inzwischen für die Füllung reichlich Salzwasser aufkochen lassen. Eiswasser bereitstellen. Inzwischen die Kartoffeln gründlich waschen, schälen und in dünne Scheiben schneiden oder hobeln. Nacheinander im kochenden Wasser jeweils 1 Min. blanchieren und kurz in Eiswasser abschrecken, gut abtropfen lassen.

3 Den Knoblauch schälen und hacken. Thymian waschen und die Blättchen von den Zweigen streifen. Beides mit den Kartoffeln vermengen.

4 Die Pilze putzen, dabei die Stiele von den Champignons entfernen. Beide Pilzarten in dünne Scheiben schneiden. Den Schinken quer in 2 cm breite Streifen schneiden. Den Käse grob reiben.

5 Die Springform buttern. Zwei Drittel des Teigs dünn ausrollen und damit den Boden und Rand der Form auskleiden.

6 Den Teigboden mit einer Lage Kartoffeln locker bedecken, mit Salz und Pfeffer würzen, darüber etwas von den Pilzen, dem Schinken und dem Käse füllen. Auf diese Weise sämtliche Zutaten in die Form schichten, so daß die letzte Schicht aus Kartoffeln besteht und noch etwas Teig übersteht.

7 Den überstehenden Teigrand auf die Füllung klappen. Übrigen Teig dünn ausrollen und daraus eine Teigplatte in Größe der Springform schneiden. Teigreste beiseite legen.

8 In der Mitte des Teigdeckels mit einem Ausstecher oder einem Schnapsglas ein Loch als »Kamin« ausstechen. Den Teigrand der Pastete mit verquirltem Eigelb bestreichen. Den Deckel auf die Pastete legen, an den Rändern etwas andrücken und mit Eigelb bestreichen. Den Backofen auf 175° vorheizen.

9 Aus den Teigresten Verzierungen formen oder ausstechen. Diese auf beiden Seiten mit Eigelb bestreichen und auf die Pastete setzen.

10 Die Pastete im Backofen (Mitte, Umluft 160°) 50–60 Min. garen, bis der Teig schön gewellt und goldgelb gebacken ist. 5 Min. in der Form auskühlen lassen, herausnehmen und auf einem Holzbrett servieren.

Kabeljau auf Rotweinlinsen

● Raffiniert
● Braucht etwas Zeit

Für 4 Personen:

Für die Linsen:
200 g getrocknete braune Linsen
3 Zweige Bohnenkraut (oder 1 TL getrocknetes)
1 Knoblauchzehe
1 Lorbeerblatt
400 ml kräftiger Rotwein
Für den Fisch:
600 g Kabeljaufilet
400 g kleine festkochende Kartoffeln
2 Eigelbe
4 EL saure Sahne
1 EL Senf
Außerdem:
Salz · Pfeffer
5 EL Rotweinessig
Zucker
Butter für die Form

Zubereitungszeit: 1–1 1/4 Std.

Pro Portion ca.: 2125 kJ/510 kcal
45 g EW/9 g F/48 g KH

1 Linsen in einem Sieb gründlich abspülen. Bohnenkraut waschen. Knoblauch schälen. Linsen samt Bohnenkraut, Knoblauch und Lorbeerblatt in dem Wein und 200 ml Wasser in 30–40 Min. bißfest kochen.

2 Inzwischen den Kabeljau in 4 Schnitzel schneiden und mit Salz, Pfeffer und 2 EL Essig marinieren.

3 Salzwasser aufkochen lassen. Die Kartoffeln schälen, in dünne Scheiben hobeln und im Wasser in 1–2 Min. knackig kochen. Auf einem Sieb kalt abbrausen und gut abtropfen lassen.

4 Eigelbe, saure Sahne und Senf glattrühren, salzen, pfeffern und mit den Kartoffeln vermengen. Den Backofen auf 200° vorheizen.

5 Bohnenkraut, Lorbeer und Knoblauch aus den gegarten Linsen nehmen. Linsen mit restlichem Essig, Salz, Pfeffer und Zucker abschmecken. Sie sollten leicht suppig sein, eventuell noch etwas Wein dazugießen. Eine Gratinform buttern und die Linsen hineinfüllen.

6 Den Kabeljau auf die Linsen setzen. Die Kartoffeln auf dem Fisch anordnen (das geht am besten mit den Fingern). Im Backofen (Mitte, Umluft 180°) 20–25 Min. garen. In den letzten 3 Min. den Grill anschalten.

Kartoffelspieße

● Gut vorzubereiten
● Preiswert

Für 4 Personen:

18 kleine festkochende
Kartoffeln (etwa 700 g)
Salz
1 rote Paprikaschote
1 Zucchino
200 g Geflügelleber
1 Bund glatte Petersilie
100 g durchwachsener
Räucherspeck in Scheiben
2 Knoblauchzehen
1 EL Kräuter der Provence
1/4 l kaltgepreßtes Olivenöl
Pfeffer
Schaschlikspieße

Auskühlzeit: über Nacht
Zubereitungszeit: 1 1/2 Std.
Marinierzeit: 2 Std.

Pro Portion ca.: 1635 kJ/390 kcal
22 g EW/20 g F/31 g KH

1 Die Kartoffeln waschen
und in Salzwasser in
20–25 Min. bißfest
kochen. Noch heiß pellen
und abkühlen lassen.

2 Paprika und Zucchino
waschen und putzen.
Paprika in mundgerechte
Stücke, Zucchini in 1 cm
dicke Scheiben schneiden.

3 Geflügelleber putzen
und in mundgerechte
Stücke teilen. Petersilie
waschen, die Blättchen
abzupfen. Speckscheiben
quer halbieren, mit Petersilie belegen und die Le-
berstücke darin einrollen.

4 Kartoffeln, Paprika,
Zucchini und Geflügel-
leber abwechselnd auf die
Spieße stecken. Knob-
lauch schälen, in Scheiben
schneiden und samt den
Kräutern der Provence mit
dem Öl verrühren.

5 Spieße in eine Schale
legen, mit dem Öl be-
gießen und 2 Std. kühl
stellen, dabei öfters
wenden und begießen.

6 Den Backofen auf 250°
vorheizen und die Fett-
pfanne auf der Mittel-
schiene einschieben.
Spieße auf einen Backrost
legen und im Backofen
(oben, Umluft 220°) in
25–30 Min. knusprig bra-
ten, dabei öfters wenden.
Mit Pfeffer übermahlen
und servieren.

TIP!

Diese Spieße eignen sich
auch sehr gut zum
Grillen. Lecker ist dazu
ein Dip aus Joghurt,
Knoblauch und viel
gehackter Petersilie.

Gewürzkartoffeln aus dem Ofen

● Preiswert
● Gut als Beilage

Eine schlichte, aber sehr aromatische Art, Kartoffeln zuzubereiten – ideal als Snack oder als Beilage zu einer Lammkeule. Die Garzeit kann dabei je nach Größe der Knollen um 10 Min. schwanken.

Für 30–40 Stück:

2 Knoblauchzehen
1 Zweig frischer Rosmarin
4 Wacholderbeeren
8 EL Olivenöl
1 kg vorwiegend festkochende Kartoffeln mit dünner Schale
Meersalz
schwarzer Pfeffer
1 EL Sesamsamen
1 TL Koriandersamen

Zubereitungszeit: 30 Min.
Backzeit: 1 Std.

Bei 4 Personen pro Portion ca.:
1240 kJ/300 kcal
5 g EW/16 g F/35 g KH

1 Knoblauch schälen und fein würfeln. Rosmarin waschen, die Nadeln hakken. Wacholderbeeren hacken. Alles mit 6 EL Öl verrühren.

2 Den Backofen auf 175° vorheizen. Kartoffeln sehr gründlich waschen und längs halbieren. Schnittflächen mit dem Würzöl bestreichen und mit Salz und Pfeffer würzen.

3 Übriges Öl auf dem Backblech verstreichen, Sesam und Koriander darauf streuen und die Kartoffeln mit der Schnittfläche darauf legen.

4 Die Kartoffeln im Backofen (Mitte, Umluft 160°) 45 Min. garen, dann die Hitze auf 225° (Umluft 200°) erhöhen, die Kartoffeln wenden und in 10–15 Min. fertigbacken.

VARIANTE

Die Gewürzkartoffeln sind offen für viele Aromen: Versuchen Sie Kümmel-, Fenchel- oder Senfsamen sowie gehackten Chillie oder Ingwer. Als Kräuter bieten sich noch Oregano, Thymian, Majoran und sogar Lavendel an, statt Sesam können Sie auch Leinsamen, Kürbis- oder Sonnenblumenkerne aufs Blech streuen.

TIP!

Am besten schmeckt dazu ein Dip mit einem nicht zu fetten Milchprodukt wie Dickmilch, Joghurt oder stichfester Kefir – und zwar pur, ohne jede weitere Würze.

Überbackene gefüllte Kartoffeln

● Vegetarisch
● Raffiniert

Übriggebliebene Pellkartoffeln lassen sich hierfür auch gut verwerten.

Für 16 Stück:

8 mehligkochende Kartoffeln (je etwa 100 g)
Für die Grappafüllung:
2 EL Olivenöl
1 TL Oregano
6 EL Grappa
200 g frisch geriebener Parmesan
Für die Quarkfüllung:
50 g Sahne · 1 EL Butter
Salz · 1 Ei
80 g Magerquark
1 Bund Schnittlauch
Außerdem:
Salz · Pfeffer
Butter für das Blech

Auskühlzeit: 2–3 Std.
Zubereitungszeit: 1 1/2 Std.

Bei 4 Personen pro Portion ca.:
2255 kJ/540 kcal
28 g EW/29 g F/31 g KH

1 Den Backofen auf 225° vorheizen. Die Kartoffeln gründlich waschen, mit einer Gabel einstechen und in Alufolie wickeln.

2 Eine Auflaufform 2 cm hoch mit Salz füllen und die Kartoffeln darauf im Backofen (Mitte, Umluft 200°) in 50–60 Min. garen. Kartoffeln auswickeln und völlig abkühlen lassen.

3 Die Kartoffeln längs halbieren und mit einem Teelöffel so aushöhlen, daß ein 1 cm breiter Rand stehenbleibt. Es sollte 400 g Masse ergeben. Diese durch die Presse drücken oder fein stampfen und halbieren. Den Backofen auf 200° vorheizen.

4 Für die Grappafüllung das Olivenöl sanft erhitzen und den Oregano darin kurz braten. Mit Grappa und Parmesan unter eine Hälfte der Kartoffelmasse mengen. Mit Salz und Pfeffer würzen.

5 Für die Quarkfüllung Sahne und Butter aufkochen lassen, übrige Kartoffelmasse dazugeben und alles zu einem festen Brei verkochen, der sich vom Topfboden löst. Das Ei trennen, Eigelb und Quark unter den Brei rühren. Mit Salz und Pfeffer würzen. Schnittlauch waschen, in Röllchen schneiden und untermengen. Eiweiß mit 1 Prise Salz steif schlagen und unter die Masse ziehen.

6 Das Backblech buttern. Kartoffelhälften mit beiden Massen füllen, auf das Blech setzen und im Backofen (Mitte, Umluft 180°) in 25–30 Min. goldbraun backen.

Im Bild vorne: Gewürz-kartoffeln aus dem Ofen
Im Bild hinten: Überbak-kene gefüllte Kartoffeln

Auf die kalte Art

Die Kartoffel ist ein deutscher Schlager – italienischer Pasta und asiatisch inspirierten Reisgerichten zum Trotz. Und wie es sich für einen Schlager gehört, hat sie ebenso viele Neider wie Fans.

»Viehfutter, Arme-Leute-Essen, Dickmacher« – die Knolle mußte sich in ihrer Laufbahn manches Vorurteil gefallen lassen. Aber sie hat ihre Kritiker überlebt, und der Trend zur regionalen Küche hat ihr ebenso Auftrieb gegeben wie das wachsende Gesundheitsbewußtsein der Genießer. Denn anders als Reis oder Nudeln ist die Kartoffel als Gemüse nahezu unbehandelt, wenn sie in den Einkaufskorb kommt.

Vitamine – ganz schön viele

Kartoffeln sind echte Vitaminknollen – auch nach dem Garen. Besonders reichhaltig vertreten ist Vitamin C. Mit einer 250 g-Portion Pellkartoffeln (3–4 Stück) nehmen Sie fast drei Viertel Ihrer täglichen Ration davon zu sich. Außerdem sind die für den Kohlenhydrat- und Eiweiß-Stoffwechsel wichtigen B-Vitamine nennenswert: Hier deckt die Kartoffelportion 18 % (B_1) beziehungsweise 28 % (B_6) des Tagesbedarfs.

Mineralstoffe – in Mengen

Weil sich in Kartoffeln Mineralstoffe mit Kohlenhydraten paaren, sind sie auch bei Sportlern hoch im Kurs. Auffällig ist der Gehalt an Kalium, das die Muskelkraft antreibt – die 250-g-Portion liefert die Hälfte des Tagesbedarfs. Und jeweils 20 % des täglich nötigen Magnesiums (für Knochen und Zähne) sowie Eisens (für die Blutbildung, besonders effektiv mit Vitamin C) stecken in der Portion.

»Schadstoffe« – mäßig

Auch wenn Natrium kein Schadstoff ist, richtet der im Salz enthaltene Stoff doch immer mehr Schäden im Körper an – denn Salz steckt inzwischen fast überall drin. Da ist es erfreulich, daß die Kartoffel mit 8 mg in 250 g eines der natriumarmen Gemüse ist. Auch ihr Nitratgehalt ist sehr gering.

Eiweiß und Kohlenhy-
drate – reichlich

Den wohl größten Trumpf verbirgt die Kartoffel aber mit ihrem Eiweißgehalt unter der Schale. Der ist zwar nicht

ben. Abgesehen davon, daß 250 g Kartoffeln nur um die 170 kcal (100 g etwa 70 kcal) enthalten, versorgen sie mit ihrer Stärke den Körper mit Energie und die Ballast-

15,4 % Kohlenhydrate (Stärke)

2,5 % Ballast-stoffe

2,1 % Mineralstoffe und Vitamine

2,1 % Eiweiß

0,1 % Fett

77,8 % Wasser

sehr hoch, doch von einer hohen Wertigkeit - das heißt, daß das Kartoffel-eiweiß vom Körper beson-ders gut verarbeitet wer-den kann. Noch besser funktioniert das zusam-men mit tierischem Ei-weiß, weswegen Milch-produkte und Eier mit Kartoffeln eine unschlag-bare Verbindung einge-hen.
Und dann sind da die Kohlenhydrate, die der Kartoffel den Ruf als Dick-macher eingebracht ha-

stoffe regen die Verdau-ung an. Dick machen erst die fetten Saucen, die mit Kartoffeln aufgesaugt werden.

Wertsicherung bei
Kartoffeln

Die Kartoffel ist ver-schwenderisch mit ihren Nährstoffen, weswegen Sie die Knolle sorgsam zubereiten sollten – sonst bekommen Sie wenig von ihrem Reichtum ab. Das fängt beim Schälen an: Am besten ist es, die Schale dranzulassen und die Nährstoffe so beim Garen zu schützen. Denn eine Salzkartoffel enthält nach dem Kochen nur noch die Hälfte vom ur-sprünglichem Vitamin C, die Pellkartoffel aber drei Viertel davon.
Ansonsten werden die Knollen immer kurz vor der Zubereitung geschält. Am besten nicht in Wasser aufbewahren – denn das laugt sie nicht nur aus, sondern macht sie auch »wasserhart«, so daß sie länger kochen. Garen Sie nun die Kartof-feln in möglichst kurzer Zeit. Am gesündesten ist es, nur wenig Wasser in den Topf zu geben oder die Kartoffeln gleich im Dämpfer zu garen. Die geringeren Verluste durch Auslaugen wiegen dabei die hohe Temperatur auf. Die fertigen Kartoffeln müssen schnell auf den Tisch, da sie beim Warm-

halten weitere Nährstoffe verlieren.

Kartoffelsalat – so ge-
lingt's!

Garen Sie kleine fest-kochende Kartoffeln in der Schale je nach Größe in 15–20 Minuten bißfest. Dann abgießen, kurz ausdampfen lassen, noch heiß pellen und fast ganz abkühlen lassen.
Die handwarmen Kartof-feln in dünne Scheiben schneiden und in eine Schale schichten, wobei

jede Lage je nach Rezept gewürzt wird. Nun mit heißer Marinade (siehe Rezepte auf den Seiten 42–46) begießen, vor-sichtig mischen und mindestens 1 1/2 Std. bei Zimmertemperatur durchziehen lassen. Falls nötig, nachwürzen.

Kartoffelsalat mit Pilzen und Bündner Fleisch

● Raffiniert
● Gut vorzubereiten

Dieses Rezept ist auch Grundlage für die Rezepte auf Seite 44/45.

Für so einen richtig guten Kartoffelsalat lassen Knollenfans alles andere liegen – und bei diesem Rezept und seinen Varianten auf den nächsten Seiten können Sie das auch. Denn diese Salate sind zum Sattessen gedacht, etwa für den Mittagsimbiß oder die abendliche Party. Aber auch als Beilage oder kleine Vorspeise machen sie sich gut, dann eben für ein paar Esser mehr. Ganz wichtig: Wenn Sie Kartoffelsalat im Kühlschrank aufheben, müssen Sie ihn rechtzeitig vor dem Servieren herausnehmen, damit er bei Zimmertemperatur seinen Geschmack entfalten kann.

Für 4–6 Personen:

1 kg kleine festkochende Kartoffeln
Salz
300 g Champignons
1 Zwiebel
schwarzer Pfeffer
3 EL Öl
1 TL getrockneter Majoran
10 EL Sherry-Essig
150 ml Fleischbrühe (Instant)
6 EL Walnußöl
100 g Feldsalat
50 g Walnußkerne
50 g Bündner Fleisch in dünnen Scheiben

Zubereitungszeit: 1 Std.
Marinierzeit: 1 1/2 Std.

Bei 6 Personen pro Portion ca.:
1200 kJ/290 kcal
7 g EW/17 g F/28 g KH

1 Die Kartoffeln gründlich waschen und in Salzwasser in 15–20 Min. bißfest kochen. Die Kartoffeln abgießen und kurz mit kaltem Wasser abschrecken. Noch heiß pellen und etwas abkühlen lassen.

2 Inzwischen die Champignons putzen und in nicht zu feine Würfel schneiden. Die Zwiebel schälen und fein würfeln.

3 Die handwarmen Kartoffeln in dünne Scheiben schneiden und lagenweise in eine weite Schüssel schichten, dabei jede Lage mit Salz und Pfeffer bestreuen.

4 Das Öl stark erhitzen und die Champignons mit den Zwiebeln und dem Majoran darin anbraten. Mit 4 EL Essig ablöschen und zugedeckt 1 Min. dünsten.

5 Die Champignons mit Salz und Pfeffer würzen, die Brühe und den übrigen Essig einrühren und einmal aufkochen lassen. Die Marinade kräftig mit Salz und Pfeffer abschmecken.

6 Die heiße Marinade und das Walnußöl über die Kartoffeln gießen und alles vorsichtig durchmengen. 1 1/2 Std. bei Zimmertemperatur durchziehen lassen.

7 Inzwischen den Feldsalat gründlich putzen und waschen. Gut abtropfen lassen. Die Walnußkerne grob hacken. Das Bündner Fleisch in breite Streifen schneiden.

8 Vor dem Servieren den Feldsalat, die Nüsse und das Bündner Fleisch unter den Kartoffelsalat mischen. Den Salat, falls nötig, nochmals mit Salz, Pfeffer und Essig abschmecken.

VARIANTE

Aromatischer, aber auch etwas teurer wird dieser Kartoffelsalat, wenn Sie ihn statt mit Champignons mit Pfifferlingen, Steinpilzen oder Shiitake-Pilze (hier die Stiele ganz abschneiden) zubereiten. Und probieren Sie ihn doch mal mit Rucola statt Feldsalat aus – und hobeln Sie dann vor dem Servieren ein wenig frischen Parmesan darüber.

TIP!

Die »warme« Zubereitung von Kartoffelsalat hat klare geschmackliche Vorteile: Die Aromen der frisch gegarten Kartoffeln und der Marinade verbinden sich wesentlich besser als im kalten Zustand; zugleich bleibt der Eigengeschmack der Zutaten eher erhalten, da der Salat nicht so lange durchziehen muß – was ihn schließlich schön frisch schmecken läßt. Außerdem brauchen Sie bei dieser Methode weniger Öl, da noch warme Kartoffeln nicht so »durstig« sind. Natürlich können Sie bei allen Salaten auch Kartoffeln vom Vortag verwenden, dann sollten sie zumindest Zimmertemperatur haben (oder Sie erwärmen sie sanft in der Mikrowelle).

Kartoffel-Sauerkraut-Salat

 Deftig
● Braucht etwas Zeit

Für 4–6 Personen:

1 kg kleine festkochende Kartoffeln
Salz · Pfeffer
1 Zwiebel
100 g Sauerkraut (Dose)
2 Wacholderbeeren
2 Birnen (z. B. Williams)
8 EL Öl
4–5 EL Obstessig
100 ml trockener Cidre (ersatzweise Wasser)
50 ml Birnensaft
150 g Blutwurst

Zubereitungszeit: 50 Min.
Marinierzeit: 1 1/2 Std.

Bei 6 Personen pro Portion ca.:
1230 kJ/295 kcal/
7 g EW/15 g F/35 g KH

1 Die Kartoffeln garen, pellen und etwas ab-kühlen lassen. Dann in Scheiben schneiden, in eine Schüssel schichten und würzen (Seite 42).

2 Zwiebel schälen und würfeln. Das Sauerkraut grob, die Wacholderbee-ren fein hacken. Birnen schälen, entkernen und würfeln.

3 2 El Öl erhitzen, Zwie-beln anbraten, Sauerkraut, Wacholderbeeren, Birnen, Essig, Wein und Saft bei mittlerer Hitze 1 Min. mitkochen lassen. Salzen, pfeffern und samt dem restlichen Öl mit den Kar-toffeln vermengen.

4 Den Salat 1 Std. ziehen lassen. Blutwurst pellen, würfeln, untermengen, noch 30 Min. ziehen lassen und alles nach-würzen.

Kartoffel-Zwiebel-Salat

● Gut als Beilage
● Preiswert

Für 4–6 Personen:

1 kg kleine festkochende Kartoffeln
Salz · Pfeffer
200 g Zwiebeln
200 g Gewürzgurken
150 ml Gurkensud
6 EL Weißweinessig
1 EL Senf
Zucker
6 EL Öl
1 Kästchen Gartenkresse

Zubereitungszeit: 50 Min.
Marinierzeit: 1 1/2 Std.

Bei 6 Personen pro Portion ca.:
750 kJ/180 kcal
3 g EW/8 g F/26 g KH

1 Die Kartoffeln garen, pellen und etwas abküh-len lassen. Dann in Schei-ben schneiden, in eine Schüssel schichten und dabei würzen (Seite 42).

2 Zwiebeln schälen und wie die Gurken würfeln. Gurkensud mit Essig und Zwiebeln 1 Min. kochen lassen, dann mit den Gurken und dem Senf nochmals aufkochen lassen. Mit Salz, Pfeffer und Zucker abschmecken.

3 Heiße Marinade und Öl mit den Kartoffeln ver-mengen und 1 1/2 Std. durchziehen lassen. Die Kresse waschen, die Blätt-chen mit der Schere ab-schneiden und zum Schluß unter den Salat mengen. Nochmals ab-schmecken.

Kartoffelsalat mit Estragon

● Raffiniert
● Braucht etwas Zeit

Für 4–6 Personen:

800 g kleine festkochende
Kartoffeln
Salz · Pfeffer
200 g Artischockenherzen
(Dose)
4 Zweige frischer Estragon
2 Hühnerbrüste ohne Haut
und Knochen (etwa 250 g)
8 EL Zitronensaft
2 Frühlingszwiebeln
6 EL Sonnenblumenöl

Zubereitungszeit: 50 Min.
Marinierzeit: 1 1/2 Std.

Bei 6 Personen pro Portion ca.:
930 kJ/220 kcal
12 g EW/8 g F/27 g KH

1 Die Kartoffeln garen,
pellen und etwas abkühlen lassen. Dann in
Scheiben schneiden, in
eine Schüssel schichten
und würzen (Seite 42).

2 Artischockenherzen
vierteln, 100 ml Sud aufheben. Estragon waschen,
Blätter hacken, Stiele beiseite legen. Hühnerbrüste
mit den Stielen zugedeckt
in Artischockensud, 2 EL
Zitronensaft und 100 ml
Salzwasser in 15–20 Min.
garen. Etwas abkühlen
lassen und würfeln. Den
Sud durch ein Sieb passieren.

3 Frühlingszwiebeln
putzen, waschen, in Ringe
teilen und im Sud aufkochen lassen. Würzen
und heiß samt allen übrigen vorbereiteten Zutaten
unter die Kartoffeln
mengen. 1 1/2 Std. ziehen
lassen und nachwürzen.

Kartoffelsalat mit Pesto

● Raffiniert
● Vegetarisch

Für 4–6 Personen:

1 kg kleine festkochende
Kartoffeln
Salz · Pfeffer
200 g Staudensellerie
1 Knoblauchzehe
3 EL Olivenöl
1/8 l Gemüsebrühe
(Instant)
6 EL Aceto Balsamico
(Balsamessig)
4 EL Pesto (Glas)
200 g Kirschtomaten
1 EL gehacktes frisches
Basilikum

Zubereitungszeit: 1 Std.
Marinierzeit: 1 1/2 Std.

Bei 6 Personen pro Portion ca.:
880 kJ/210 kcal
5 g EW/9 g F/29 g KH

1 Die Kartoffeln garen,
pellen und etwas abkühlen lassen. Dann in Scheiben schneiden, in eine
Schüssel schichten und
würzen (Seite 42).

2 Staudensellerie putzen,
waschen und in dünne
Scheiben schneiden.

3 Knoblauch schälen und
würfeln. Öl erhitzen,
Knoblauch darin glasig
dünsten. Brühe und Essig
dazugießen und aufkochen lassen. Mit Salz
und Pfeffer würzen und
heiß mit Pesto, Sellerie
und Kartoffeln vermengen. Den Salat 1 1/2 Std.
durchziehen lassen.

3 Die Kirschtomaten
waschen, putzen und
vierteln. Mit dem Basilikum unter den Salat
mischen und nochmals
abschmecken.

Lauwarmer Kartoffelsalat in Lachssahne

● Raffiniert
● Gelingt leicht

Ein Kartoffelsalat der Extraklasse, der allerdings etwas mehr Mühe und Präzision verlangt als die Beilage zum Würstchen. Er macht sich daher auch besser als feine Vorspeise.

Für 4 Personen:

Salz
Zucker
6 EL Zitronensaft
400 g grüner Spargel
600 g neue bzw. fest- kochende Kartoffeln
1 Bund Schnittlauch
100 g Räucherlachs in Scheiben
80 g Crème fraîche
weißer Pfeffer

Zubereitungszeit: 1 Std.

Pro Portion ca.: 895 kJ/215 kcal
9 g EW/9 g F/26 g KH

1 3/4 l Salzwasser mit 1/2 TL Zucker und 2 EL Zitronensaft aufkochen lassen.

2 Inzwischen den Spargel waschen. Falls nötig, das untere Drittel schälen und holzige Enden entfernen. Die Köpfe abschneiden, die Stangen in 3 cm lange Stücke schneiden. Die Spargelstücke im Wasser 5 Min. garen, dann die Köpfe dazugeben und in weiteren 5–8 Min.

bißfest garen. Spargel kurz in Eiswasser abschrecken, den Sud aufheben.

3 Kartoffeln schälen und in dünne Scheiben schneiden. Im Spargelsud in 8–10 Min. bißfest garen, herausnehmen und mit dem Spargel in eine weite Schüssel geben, zudecken. Schnittlauch waschen und in Röllchen, den Lachs in 1 cm breite Streifen schneiden.

4 Inzwischen 300 ml Kartoffel-Spargel-Sud zur Hälfte einkochen lassen, heiß mit dem restlichen Zitronensaft und der Crème fraîche verrühren und mit Salz, Zucker und Pfeffer abschmecken.

5 Die warme Marinade über Kartoffeln und Spargel gießen, vorsichtig mit Schnittlauch und Lachs mischen und zugedeckt 15 Min. durchziehen lassen. Dabei zweimal vorsichtig mischen. Falls nötig, mit Salz, Pfeffer, Zucker und etwas Zitronensaft abschmecken und den lauwarmen Salat sofort servieren.

Reicher Erdäpfelkas

● Deftig
● Preiswert

Dies ist die etwas verfeinerte Abwandlung eines Brotaufstrichs, der vor allem im gebirgigen Westen Österreichs gerne gegessen wird.

Für 500 g Aufstrich:

300 g vorwiegend fest- kochende Kartoffeln
Salz · 1 Ei
50 g weiche Butter
3 EL saure Sahne
Pfeffer
100 g gekochter Schinken ohne Fettrand
50 g Silberzwiebeln (Glas)
1 EL frisch gehackte Petersilie
Paprika, edelsüß

Zubereitungszeit: 45 Min.
Kühlzeit: 30 Min.

Insgesamt ca.: 3790 kJ/905 kcal
30 g EW/67 g F/48 g KH

1 Die Kartoffeln in Salzwasser in 20–30 Min. bißfest kochen, noch heiß pellen und sofort durch die Presse drücken oder zerstampfen. Inzwischen das Ei in 10 Min. hart kochen, abschrecken und abkühlen lassen.

2 Die heiße Kartoffelmasse mit der Butter und der sauren Sahne vermengen und mit Salz und Pfeffer abschmecken. Alles 30 Min. abkühlen lassen.

3 Das Ei pellen und mit dem Eierschneider würfeln. Den Schinken in feine Würfel schneiden, die Silberzwiebeln hacken. Alles mit dem Ei unter die Kartoffelmasse mengen und nochmals deftig abschmecken.

4 Den Erdäpfelkas mit dem Paprika bestreuen und mit Brot und Butter servieren.

VARIANTE

Für den klassischen »weißen« Erdäpfelkas die passierten heißen Kartoffeln mit der Butter und 5 EL saure Sahne sowie 1 kleinen gewürfelten Zwiebel vermengen, mit Salz und Pfeffer abschmecken.

Im Bild vorne: Reicher Erdäpfelkas
Im Bild hinten: Lauwarmer Kartoffelsalat in Lachssahne

Sülze mit Kartoffeln und Räucheraal

● Braucht etwas Zeit
● Gut vorzubereiten

Die Kartoffel – das ist auch alter deutscher Adel, der es an Klasse mit den jungen Hupfern von den Familien Reis und Nudel spielend aufnehmen kann. Dieses von Traditionen inspirierte Rezept für besondere Anlässe beweist es.

Für 1 Kastenform von 1 l Inhalt:

Für die Sülze:
400 g Räucheraal mit Haut und Gräten
1 Bund Suppengrün
4 Wacholderbeeren
1 Lorbeerblatt
10 Pfefferkörner
300 ml trockener Weißwein (ersatzweise Wasser)
50 g Sultaninen
600 g festkochende Kartoffeln
14 Blatt weiße Gelatine
1 Bund Schnittlauch
Salz
Für den Meerrettichschmand:
200 g Schmand (ersatzweise Crème fraîche)
100 g Joghurt
1 EL Meerrettich (Glas)
Salz · Pfeffer · Zucker
1/2 TL Zitronensaft

Zubereitungszeit: 2 3/4 Std.
Zeit zum Gelieren: 4 Std.

Bei 10 Scheiben pro Scheibe ca.:
925 kJ/220 kcal
9 g EW/11 g F/15 g KH

1 Für die Sülze mit einem scharfen Messer die beiden Aalfilets an der Mittelgräte entlang herunterschneiden. Von den Filets die Haut abziehen und den Räucherrand an der Unterseite wegschneiden. Das an der Oberseite der Filets liegende Fett mit dem Messerrücken abschaben. Die Filets passend zur Form zurechtschneiden.

2 Mittelgräte in große Stücke hacken, Haut in Stücke schneiden. Das Suppengrün putzen, waschen, schälen und würfeln. Wacholderbeeren etwas zerdrücken.

3 Gräten, Haut und Abschnitte mit Suppengrün, Lorbeerblatt, Pfefferkörnern und den Wacholderbeeren in einen Topf geben. Wein und 3/4 l Wasser dazugießen, langsam aufkochen lassen und dabei den sich absetzenden Eiweißschaum abnehmen. 30 Min. bei schwacher Hitze kochen, dann abkühlen lassen.

4 Den Fond durch ein Sieb gießen und entfetten (siehe Tip). Die Sultaninen abspülen. Die Kartoffeln waschen, schälen und in dünne Scheiben schneiden oder hobeln.

5 Fond aufkochen lassen und die Kartoffelscheiben darin in 10–15 Min. bißfest garen. In der letzten Minute die Rosinen dazugeben. Alles im Fond abkühlen lassen.

6 Die Gelatine in kaltem Wasser einweichen. Den Schnittlauch waschen und in Röllchen schneiden.

Kartoffeln und Sultaninen aus dem Fond heben und gut abtropfen lassen. Beides mit dem Schnittlauch vermischen.

7 Den Fond abmessen. Es sollten 800 ml sein, eventuell fehlende Flüssigkeit durch Wasser ergänzen. Den Fond nochmals erhitzen. Die ausgedrückte Gelatine darin auflösen und den Fond mit Salz abschmecken.

8 Den Fond etwa 1/2 cm hoch in die Form gießen und im Kühlschrank fest werden lassen.

9 Die Kartoffelmischung abwechselnd mit den Aalfilets in die Form schichten. Dabei jede Lage knapp mit Fond bedecken, bis alles verbraucht und von Fond bedeckt sind.

10 Die Sülze mindestens 4 Std. zugedeckt kühl stellen, bis sie schnittfest ist.

11 Für den Schmand sämtliche Zutaten verrühren und abschmecken.

12 Zum Servieren die Sülze mit einem scharfen schmalen Messer vom Rand der Form lösen und deren Boden kurz in warmes Wasser tauchen. Ein Brett auflegen, die Sülze darauf stürzen und mit dem Messer in Scheiben schneiden. Mit dem Schmand servieren.

TIP!

Aal ist ein feiner, aber auch ein fetter Fisch. Das gilt ebenso für seinen Fond, dessen erstarrtes Fett in der Sülze aber eher stört. Schöpfen Sie daher den größten Teil nach dem Passieren von der Oberfläche ab. Sind dann beim Erhitzen noch Fettaugen da, legen Sie ein Stück Küchenkrepp auf die Oberfläche, um sie aufzusaugen. Wenn Sie das mehrmals wiederholen, ist Ihr Fond fettfrei. Und wenn Ihnen das Zubereiten des Aalfonds insgesamt zu mühsam ist, gibt's eine schnellere (wenn auch nicht so aromatische) Lösung: Dazu verkochen Sie Fischfond aus dem Glas mit Schinkenresten und verwenden für die Sülze fertig gekaufte Aalfilets.

Kartoffelterrine mit Ziegenkäse

- 🟢 Raffiniert
- 🔴 Vegetarisch

Für 1 Kastenform von 1 l Inhalt:

150 g Pinienkerne (ersatzweise Salzmandeln)
500 g mehligkochende Kartoffeln
Salz
4 Blatt weiße Gelatine
50 g Parmesan
150 g Ziegenrollenkäse
50 g weiche Butter
1 Bund Basilikum
200 g Sahne
weißer Pfeffer

Zubereitungszeit: 50–60 Min.
Kühlzeit: 2 Std.

Bei 4 Personen pro Portion ca.:
2665 kJ/640 kcal
23 g EW/53 g F/25 g KH

1 Die Pinienkerne in einer trockenen Pfanne anrösten. 50 g mit der Küchenmaschine oder im Mörser fein mahlen. Die Kartoffeln waschen und in Salzwasser in 20–30 Min. bißfest kochen.

2 Inzwischen die Gelatine in kaltem Wasser einweichen. Den Parmesan fein reiben. Ziegenkäse vom Rand befreien, durch ein Sieb streichen und mit der Butter und dem Parmesan glatt verrühren. Das Basilikum waschen, die Blättchen in Streifen schneiden.

3 50 g Sahne erhitzen und die gut ausgedrückte Gelatine darin auflösen. Die gegarten Kartoffeln abgießen, sofort pellen und durch ein Sieb drükken oder fein zerstampfen. Gelatine, Käsecreme, gemahlene Pinienkerne und Basilikum unter die heiße Masse rühren und mit Salz und Pfeffer abschmecken, etwas abkühlen lassen.

4 Die übrige Sahne steif schlagen und unter die abgekühlte Masse ziehen. Die Kastenform mit Klarsichtfolie auskleiden, mit der Masse füllen und kurz aufstoßen, damit sich die Luftlöcher schließen.

5 Die Terrine mindestens 2 Std. zugedeckt kühl stellen, bis sie fest ist. Auf eine Platte stürzen, die Folie abziehen und die Terrine mit den übrigen Pinienkernen verzieren (Mandeln vor dem Verzieren grob hacken).

Kalte Kartoffelsuppe mit Avocado

● Gelingt leicht
● Gut vorzubereiten

Für 4–6 Personen:

2 gelbe Paprikaschoten
2 Knoblauchzehen
2 rote Chilischoten
2 TL abgeriebene Limet-tenschale
600 g vorwiegend fest-kochende Kartoffeln
5 EL Olivenöl
1 1/2 l Gemüsebrühe (Instant)
200 g Joghurt
3 EL Limettensaft
Salz · schwarzer Pfeffer
2 Tomaten
1 Zweig Minze (ersatz-weise 3 Zweige glatte Petersilie)
1 Avocado

Zubereitungszeit: 50 Min.
Kühlzeit: 2 Std.

Bei 6 Personen pro Portion ca.:
1595 kJ / 380 kcal
11 g EW / 15 g F / 53 g KH

1 Die Paprikaschoten waschen, putzen und würfeln. Knoblauch schälen und würfeln. Die Chilischoten putzen, entkernen und hacken. Limettenschale in einem feinen Sieb mit kochendem Wasser überbrühen.

2 Die Kartoffeln gründlich waschen, schälen und würfeln. 4 El Öl erhitzen und Paprika, Knoblauch und Chillie darin anbraten. Kartoffeln, Limetten-

schale und Brühe dazugeben und Kartoffeln in 10–15 Min. weich kochen.

3 Die Suppe abkühlen lassen, pürieren und durch ein Sieb streichen. Mit Joghurt und 2 EL Limettensaft verrühren und mit Salz und Pfeffer würzen. Zugedeckt 2 Std. in den Kühlschrank stellen.

4 Die Tomaten kurz überbrühen, häuten, entkernen und ohne die Stielansätze würfeln. Minze waschen und die Blättchen hacken. Avocado schälen, halbieren und das Fleisch würfeln. Mit Tomaten, Minze, 1 EL Limettensaft und 1 EL Olivenöl vermengen. Kräftig mit Salz und Pfeffer würzen.

5 Die Suppe aus dem Kühlschrank nehmen und 15 Min. stehenlassen. Dann auf Teller verteilen und die Avocado-Mischung hineingeben. Alles mit Pfeffer übermahlen und servieren.

Aus Teigen und Massen

Das geheimnisvolle Reich der Inkas und die verschwiegenen Klostergärten Spaniens, blutige Kriege und verheerende Hungersnöte, ein Papst und ein Preußenkönig – der Kartoffel ist so einiges begegnet auf dem Weg von ihrer Heimat bis in unsere Küchen.

Von der Zierpflanze zum Volksnahrungsmittel

Jahrtausende wuchs die Kartoffel bereits im Hochland der südamerikanischen Anden, bis sie von den spanischen Eroberern erstmals 1538 erwähnt und nach Europa gebracht wurde. So hielt die Kartoffel Einzug in den weltlichen und geistlichen Botanischen Gärten Europas, wo sie aber meist als Zierpflanze gehalten wurde. Nur im stets von Hungersnöten geplagten Irland waren auch die Knollen willkommen, und bis heute verspeisen die Iren etwa doppelt so viele Kartoffeln wie die Deutschen. Ein gutes Jahrhundert und einige Kriege und Hungersnöte später wurde vom Preußenkönig Friedrich II. der Kartoffelanbau forciert, um seine Untertanen satt und bei Laune zu halten. Und erst gegen Ende des 18. Jahrhunderts schmeckte die Kartoffel nicht mehr nur nach Not und Armut, so daß im Jahre 1900 auf jeden Deutschen 286 (!) gegessene Kilogramm Kartoffeln im Jahr kamen; heute wird gerade mal ein Viertel davon pro Kopf verzehrt.

Kartoffeln blühen so dekorativ, daß man sie früher als Zierpflanze hielt.

Mit dem Geschmack der großen weiten Welt

Auf ihrer langen Reise durch die Weltgeschichte hat die vielseitige und anpassungsfähige Kartoffel so manches Aroma in sich aufgenommen – und nur wenige Zubereitungen oder Würzen behagten ihr gar nicht. Bei den Gewürzen sind neben Salz und Pfeffer vor allem Muskatnuß im Püree und Kümmel bei den Pellkartoffeln ihre traditionellen Begleiter. Mit Curry oder Safran, Zimt oder Wacholder, Koriander- oder Fenchelsamen können Sie Kartoffeln eine ganz besondere Note geben. Bei Kräutern fallen einem als erstes Schnittlauch, Petersilie, Dill und Majoran ein. Aber je nach Gericht sind auch Kerbel, Kresse, Basilikum und Liebstöckel eine Bereicherung, bei den festeren Kräutern Oregano, Thymian, Lorbeer, Bohnenkraut und auch Salbei. Daneben können Knoblauch, Meerrettich, Ingwer, Chillies und Kapern, verschiedene Arten von Senf sowie Soja-, Worcester- oder Tabasco-Sauce den Knollen ein spezielles Aroma verleihen.

Kartoffelmasse – so gelingt's!

Die Kartoffel ist ideal für Gerichte aus passierten oder geriebenen Massen wie Knödel, Püree oder Kroketten. Dabei können rohe, gegarte heiße oder gegarte kalte Kartoffeln verwendet werden – jedoch immer mehlige Sorten. Sie werden gestampft, gerieben, durch ein Sieb gestrichen oder durch die Presse gedrückt. Beim Pürieren mit der Küchenmaschine jedoch werden vor allem heiße Kartoffeln schnell zu Kleister – also ausnahmsweise Finger weg von dieser schnellen Methode.

Masse aus rohen Kartoffeln wird schnell braun und enthält oft zuviel Wasser. Das Braunwerden kann man dadurch verhindern, daß die Kartoffeln in kaltes Wasser gerieben und je

nach Rezept ein- oder zweimal ausgewaschen werden. Um überschüssiges Wasser zu entfernen, wird die Masse dann in einem Küchentuch über einer Schüssel ausgedrückt. Dabei tritt mit

dem Wasser Stärke aus, die sich nach ein paar Minuten am Schüsselboden absetzt. Sie können sie nach Bedarf wieder zur Masse geben.

Masse aus heißen gekochten Kartoffeln wird meist mit Ei gebunden. Die bekannteste ist die Krokettenmasse für Ausgebackenes. Sie gelingt am besten mit Pellkartoffeln, da diese nicht soviel Wasser aufsaugen. Sie werden sofort nach dem Abgießen ge-

pellt, noch heiß gestampft oder durch die Presse ge-

drückt und dann mit Eigelben vermengt (2 Stück auf 750 g). Dabei ist wichtig, daß die Kartoffelmasse noch gut heiß ist, damit das Eigelb bindet. Ist Krokettenmasse zu locker, kann sie mit etwas Stärke verfestigt werden.

Für Masse aus kalten gekochten Kartoffeln werden die Knollen bereits am Vortag in der Schale gegart und gepellt. Sie werden dann gerieben oder zerstampft und z. B. zu Knödeln oder Pflanzerln verarbeitet. Diese Massen sollten nicht zu lange vor dem Garen zubereitet werden, da sie sonst Wasser ziehen.

Rohe Klöße

● Braucht etwas Zeit
● Gut als Beilage

Bei rohen Klößen kommt's auf Schnelligkeit an, damit die Masse nicht braun wird und der Grießbrei heiß genug an die Kartoffeln kommt, um sie zu binden. Für die richtige Konsistenz braucht's etwas Fingerspitzengefühl – ist das aber da, ist dieses eines der einfachsten Kloßrezepte. Sie können die Klöße auch mit heißem Kartoffelbrei statt Grießbrei zubereiten.

Für 8 Klöße:

4 Scheiben Toastbrot
4 EL Butter
1 kg mehligkochende Kartoffeln
1/8 l Milch
Salz
3 EL Grieß

Zubereitungszeit: 1 1/4 Std.

Pro Kloß ca.: 760 kJ/180 kcal
4 g EW/7 g F/27 g KH

1 Das Brot entrinden und würfeln. Die Butter erhitzen und die Brotwürfel darin anbraten.

2 Die Kartoffeln gründlich waschen, schälen und in kaltes Wasser reiben. 15 Min. stehenlassen. Kartoffeln über einer Schüssel auf ein Sieb gießen und ausdrücken.

3 Die Masse dann in einem Küchentuch über der Schüssel so ausdrükken, daß sie flockig und nahezu trocken ist. Wasser aus der Schüssel vorsichtig von der abgesetzten Stärke abgießen.

4 Die Milch mit Salz aufkochen, Grieß einrühren, aufkochen und 3 Min. unter Rühren kochen lassen. Die Kartoffelmasse schnell mit dem kochenden Grießbrei vermengen.

5 Gleichzeitig reichlich Salzwasser aufkochen lassen. Einen Probekloß (Tip Seite 55) garen. Ist er zu weich, etwas von der abgesetzten Stärke unter den Teig rühren. Aus der Masse mit nassen Händen acht Klöße formen, dabei jeweils etwas von den Brotwürfeln in die Mitte geben.

6 Die Klöße ins kochende Wasser legen und bei ganz schwacher Hitze in 15–20 Min. garziehen lassen, bis sie oben schwimmen.

Kartoffelknödel mit Paprikakraut

● Deftig
● Preiswert

Eine Beilage, die mit etwas gebräunter Butter dazu auch ein üppiges Hauptgericht abgibt. Gut für die Verwertung von Pellkartoffeln vom Vortag.

Für 8 Knödel:

Für die Knödel:
1 kg mehligkochende Kartoffeln
80 g Mehl · 80 g Grieß
80 g Speisestärke
1–2 Eier
Für die Füllung:
1 Zwiebel · 1/2 TL Kümmel
100 g durchwachsener Räucherspeck
2 EL Schweineschmalz (ersatzweise Butterschmalz)
2 EL Paprika, edelsüß
200 g Sauerkraut (Dose)
Außerdem:
Salz · Pfeffer
Mehl zum Formen

Auskühlzeit: 12 Std.
Zubereitungszeit: 1 3/4 Std.

Pro Knödel ca.: 1310 kJ/315 kcal
10 g EW/11 g F/43 g KH

1 Für die Knödel am Vortag die Kartoffeln waschen, in Salzwasser in 20–30 Min. bißfest kochen und heiß pellen. Über Nacht abkühlen lassen.

2 Für die Füllung die Zwiebel schälen und würfeln, den Kümmel hacken. Den Speck nicht zu fein würfeln. Das Schmalz in einem Topf erhitzen, Speck darin ausbraten und herausnehmen. Zwiebeln im Fett mit dem Kümmel glasig braten. Paprika ganz kurz mitgaren, 4 EL Wasser und das Kraut dazugeben und zugedeckt bei schwacher Hitze 20 Min. dünsten. Mit Salz und Pfeffer würzen.

3 Reichlich Salzwasser aufkochen lassen. Kartoffeln mit der Hand nicht zu fein reiben. Mehl, Grieß und Stärke mischen und locker mit etwas Salz unter die Kartoffeln mengen. Das Ei untermischen und einen Probeknödel garen (siehe Tip). Bei Bedarf noch 1 Ei oder Stärke untermischen.

4 Aus der Masse auf bemehlter Fläche eine etwa 5 cm dicke Rolle formen und in acht Stücke teilen. In jedes eine Mulde drücken, mit Paprikakraut und Speck füllen und mit bemehlten Händen zu glatten Knödeln abdrehen.

5 Die Knödel im heißen Wasser bei schwacher

Hitze 20 Min. ziehen lassen. Herausnehmen und servieren.

VARIANTE

Gnocchi sind so etwas wie die Knödel Italiens. Sie sind schnell gemacht: Mehligkochende Kartoffeln schälen, vierteln und in Salzwasser weich kochen. Nach dem Abgießen und Ausdampfen heiß stampfen oder durchpressen und mit soviel Mehl vermengen, daß eine feste Masse entsteht (zwischen 100 und 150 g je 500 g Kartoffeln). Dann formen Sie aus der Masse eine daumendicke Rolle, schneiden diese in Stücke und lassen sie in reichlich heißem Salzwasser 5-10 Min. ziehen.

TIPS!

Da der Stärkegehalt von Kartoffeln schwankt, sollten Sie zuerst immer einen kleinen Probeknödel garen. Ist der nach 10 Min. zu fest, muß noch Ei in die Masse; ist er zu weich, fehlt's an Stärke.
Knödelmasse wird schnell feucht, also höchstens 1-2 Std. vor dem Garen zubereiten.

**Im Bild vorne: Kartoffel-
knödel mit Paprikakraut
Im Bild hinten: Rohe Klöße**

Kartoffelpüree mit Zwiebeln

● Preiswert
● Gut als Beilage

Dieses Rezept ist auch Grundlage für die drei weiteren Püree-Rezepte auf dieser Doppelseite.

Für 4 Personen:

700 g mehligkochende Kartoffeln
Salz
1–2 Zwiebeln (etwa 100 g)
50 g Butter
150–200 ml Milch
frisch geriebene Mukatnuß

Zubereitungszeit: 30 Min.
Pro Portion ca.: 960 kJ/230 kcal
5 g EW/12 g F/27 g KH

1 Die Kartoffeln waschen, schälen, halbieren und in Salzwasser in 15–20 Min. weich kochen, dann abgießen und kurz ausdampfen lassen.

2 Inzwischen die Zwiebeln schälen und in Streifen schneiden. Die Butter erhitzen, die Zwiebeln darin bräunen und herausnehmen. Die Milch aufkochen lassen.

3 Die Kartoffeln durchpressen oder stampfen und auf der Herdplatte mit der heißen Butter und so viel heißer Milch verrühren, daß ein luftiges Püree entsteht. Mit Salz und Muskat würzen und mit Zwiebeln garnieren.

Waldorfpüree

● Raffiniert
● Gelingt leicht

Für 4 Personen:

400 g mehligkochende Kartoffeln
250 g Knollensellerie
Salz · 50 g Rindermark
1 aromatischer Apfel (z. B. Cox Orange)
150–200 ml Milch
Pfeffer

Zubereitungszeit: 30–35 Min.
Pro Portion ca.: 745 kJ/180 kcal
7 g EW/6 g F/25 g KH

1 Kartoffeln und Sellerie waschen und schälen. Kartoffeln halbieren, 200 g Sellerie entsprechend zuschneiden und beides in Salzwasser in 15–20 Min. weich kochen. Übrigen Sellerie in feine Streifen schneiden.

2 Inzwischen das Mark in einem kleinen Topf bei schwacher Hitze auslassen und passieren. Apfel schälen, vierteln, entkernen, würfeln und in den letzten 5 Min. zu den Kartoffeln geben. Milch aufkochen lassen.

3 Mark noch mal erhitzen, Selleriestreifen darin anbraten und in ein Sieb gießen, das Mark auffangen. Kartoffelgemisch abgießen und wie im Grundrezept mit Mark, Milch und Pfeffer zu Püree verarbeiten. Mit dem Sellerie garnieren.

Lompemois

● Deftig
● Vegetarisch

So nennt man in Hessen eine Mischung aus grob gestampften Kartoffeln und Endiviensalat – sehr lecker zu Hacksteaks!

Für 4 Personen:

600 g mehligkochende Kartoffeln
Salz
150 g Endiviensalat
1 EL Obstessig
1 TL Senf
Pfeffer
150–200 ml Milch
50 g Butter
1 EL gehackte Petersilie
frisch geriebene Mukatnuß

Zubereitungszeit: 30–35 Min.

Pro Portion ca.: 920 kJ/220 kcal
5 g EW/12 g F/25 g KH

1 Die Kartoffeln wie im Grundrezept vorbereiten und garen.

2 Währenddessen den Salat putzen, in Streifen schneiden, abbrausen und gut abtropfen lassen. Mit Essig, Senf, Salz und Pfeffer würzen. Die Milch aufkochen lassen. Die Butter in einer kleinen Pfanne bräunen.

3 Die gegarten Kartoffeln abgießen, grob stampfen und mit Milch und Butter wie im Grundrezept ein Püree zubereiten. Mit Salat und Petersilie mischen. Mit Salz, Pfeffer und Muskat abschmecken.

Griechisches Püree

● Gelingt leicht
● Raffiniert

Für 4 Personen:

600 g mehligkochende Kartoffeln
3 Knoblauchzehen
1 Lorbeerblatt
Salz
8 schwarze Oliven ohne Stein
200 g Joghurt
6 EL kaltgepreßtes Olivenöl
Pfeffer

Zubereitungszeit: 30–35 Min.

Pro Portion ca.: 960 kJ/230 kcal
4 g EW/14 g F/24 g KH

1 Die Kartoffeln waschen und wie den Knoblauch schälen. Kartoffeln halbieren und mit Knoblauch und Lorbeerblatt in Salzwasser in 15–20 Min. weich kochen. Inzwischen die Oliven würfeln.

2 Gegarte Kartoffeln abgießen und kurz ausdampfen lassen, Lorbeerblatt entfernen und die Kartoffeln samt Knoblauch durchpressen oder zerstampfen.

3 Kartoffeln mit Joghurt verrühren und bei ganz schwacher Hitze auf dem Herd mit dem Schneebesen verschlagen. Dabei nach und nach das Olivenöl dazugießen, bis das Püree heiß und luftig ist. Oliven unterrühren und mit Salz und Pfeffer würzen.

Kartoffelbällchen mit Curry

● Raffiniert
● Gut als Beilage

Diese fritierten würzigen Kugeln aus Kroketten-masse eignen sich mit ein wenig Chutney als kleiner Snack zum Auftakt eines exotischen Fests oder als Beilage zu Currygerichten mit viel Sauce.

Für 20–30 Bällchen:

750 g mehligkochende Kartoffeln
Salz
2 getrocknete Chilischoten
2 TL Fenchelsamen
2 EL Currypulver
50 g kandierte Ananas (Feinkostladen)
2 Eier · 1 EL helle Sojasauce
100 g feine Reisnudeln (ersatzweise Fadennudeln)
3 EL Kokosflocken
Mehl zum Formen
Fett zum Fritieren

Zubereitungszeit: 1 Std. 20 Min.

Bei 6 Personen pro Portion ca.:
950 kJ/230 kcal
6 g EW/7 g F/36 g KH

1 Die Kartoffeln waschen und in Salzwasser in 20–30 Min. bißfest kochen. Inzwischen die Chilischoten zerbröseln und mit den Fenchel-samen in einer trockenen Pfanne 1 Min. anrösten. Curry kurz mitrösten. Ananas fein würfeln. Eier trennen.

2 Gegarte Kartoffeln abgießen, heiß pellen und durchpressen oder fein zerstampfen. Die heiße Masse mit Eigelben, Gewürzen, Sojasauce und Ananas vermengen. Mit Salz abschmecken.

3 Die Masse auf bemehlter Arbeitsfläche zu einem etwa 3 cm dicken Strang ausrollen und in etwa 3 cm lange Stücke teilen. Diese mit bemehlten Händen zu Bällchen formen.

4 Nudeln grob zerbröseln und mit den Kokosflocken mischen. Eiweiße in einem Teller verschlagen, Bällchen in Mehl wenden, durch die Eiweiße ziehen und mit dem Nudel-Kokos-Gemisch panieren.

5 Fritierfett auf 180° erhitzen (Seite 17). Die Bällchen darin nacheinander in 2–3 Min. goldgelb backen und auf Küchenpapier kurz abfetten lassen.

Krautpflanzerl mit Quark

● Deftig
● Preiswert

Mit einem würzig angemachten Salat sind die Pflanzerl ein tolles, fast fleischloses Hauptgericht. Wenn Sie sie etwas kleiner formen, reichen sie als Beilage für 6 Personen – zum Kotelett oder zum Schweinebraten.

Für 4 Personen:

350 g mehligkochende Kartoffeln
Salz
1 Stück Weißkraut (etwa 300 g)
1 Zwiebel
100 g durchwachsener Räucherspeck
6 EL Butterschmalz
Pfeffer
1 Bund Schnittlauch
50 g Magerquark
1 Ei
1 EL blütenzarte Hafer-flocken
4 EL Butter
1 TL Kümmel
Mehl zum Formen

Auskühlzeit: über Nacht
Zubereitungszeit: 1 1/2 Std.

Pro Portion ca.: 2235 kJ/535 kcal
13 g EW/46 g F/18 g KH

1 Die Kartoffeln am Vortag waschen und in Salzwasser in 20–30 Min. bißfest kochen, heiß pellen und abkühlen lassen.

2 Das Weißkraut putzen, von Strunk und dicken Blattrippen befreien, in Streifen hobeln und waschen. Die Zwiebel schälen und wie den Speck würfeln.

3 1 EL Butterschmalz in einer breiten Pfanne erhitzen, Speck darin ausbraten und heraus-nehmen. Zwiebel im Fett glasig braten, das Kraut tropfnaß dazugeben und zugedeckt in 15–20 Min. weich dünsten. Eventuell ein paar Spritzer Wasser dazugeben, es sollte aber am Schluß keine Flüssigkeit mehr vorhanden sein. Mit Salz und Pfeffer abschmecken und abkühlen lassen. Den Schnittlauch waschen und in Röllchen schneiden.

4 Die Kartoffeln zerstampfen. Die Molke vom Quark abgießen, den Quark mit Kraut, Speck, Ei und Haferflocken unter die Kartoffeln mischen. Mit Salz und Pfeffer abschmecken.

5 Aus der Masse mit bemehlten Händen vier flache Küchlein formen. Übriges Fett erhitzen, die Pflanzerl darin auf jeder Seite bei mittlerer Hitze in 10–15 Min. goldgelb braten und warm stellen.

6 Butter in der Pfanne mit dem Kümmel aufschäumen lassen und Schnittlauch hineinrühren. Die Pflanzerl darin nochmals kurz auf beiden Seiten anbraten. Mit der Schnittlauchbutter servieren.

VARIANTE

Sie können die Pflanzerl auch mit gedünsteten Wirsing- oder Lauchstreifen zubereiten. Auch gewürfeltes Wurzelgemüse macht sich gut darin. Statt der Schnittlauchbutter schmeckt auch Kräuterquark oder eine Tomatensauce gut dazu.

**Im Bild vorne: Kartoffel-bällchen mit Curry
Im Bild hinten: Kraut-pflanzerl mit Quark**

Westfälische Potthucke

- Deftig
- Braucht etwas Zeit

Im Sauerland ist dieser mit Mettwurst gefüllte Kartoffelkuchen ein echtes Kultstück, das bis zu seiner Vollendung eine ganze Weile in der Form bzw. im Topf sitzen muß – also im »Pott hocken«.

Für 1 Kastenform von 1 1/2 l Inhalt:

1 kg mehligkochende Kartoffeln
1/8 l Milch
150 g Schmand (ersatzweise Crème fraîche)
4 Eier · Salz · Pfeffer
4 Mettwürste (etwa 300 g)
6 EL Butter
Backpapier für die Form

Vorbereitungszeit: 1 Std.
Backzeit: 1 Std. 10 Min. –1 1/2 Std.

Bei 4 Personen pro Portion ca.:
2945 kJ/705 kcal
21 g EW/52 g F/39 g KH

1 Die Kartoffeln gründlich waschen. 200 g in Salzwasser in 20–30 Min. bißfest kochen, heiß pellen, abkühlen lassen und grob reiben. Übrige Kartoffeln schälen, in kaltes Wasser reiben und in einem Küchentuch gut ausdrücken.

2 Gekochte und rohe Kartoffeln mit Milch, Schmand und Eiern zu einem dickflüssigen Teig vermengen. Mit Salz und Pfeffer abschmecken. Backofen auf 180° vorheizen.

3 Die Form mit Backpapier auskleiden. Die Masse zur Hälfte hineinfüllen, die Würste darauf legen und die übrige Masse darübergeben. Die Form mit dem Boden mehrmals auf den Tisch stoßen.

4 Die Potthucke im Backofen (Mitte, Umluft 160°) 1 Std. 10 Min.–1 1/2 Std. garen, bis die Masse gestockt und ihre Oberfläche leicht gebräunt ist.

5 Potthucke 10 Min. in der Form ausdampfen lassen. Dann auf ein Brett stürzen, vom Backpapier befreien und in 2 cm dicke Scheiben schneiden. Diese in der Butter braten.

TIP!

Wenn Ihnen das nochmalige Braten zuviel des Guten ist, können Sie die Potthucke auch ohne zu braten servieren. Am besten paßt ein würzig abgeschmeckter Blattsalat zu dem deftigen Essen - und zur Sicherheit sollten Sie auch etwas Korn kalt stellen.

Bunter Kartoffelkuchen

- Vegetarisch
- Gut vorzubereiten

Für eine Springform von 26 cm Ø:

Für den Teig:
750 g mehligkochende Kartoffeln
2 Eigelbe
Für die Füllung:
1 Blumenkohl (etwa 600 g)
500 g Broccoli
200 g Möhren
150 g Gouda
1/2 l Milch
6 Eier
100 g Mandelblättchen
Außerdem:
Salz
frisch geriebene Muskatnuß
Butter für die Form

Vorbereitungszeit: 1 1/2 Std.
Backzeit: 1 1/4 Std.

Bei 16 Stücken pro Stück ca.:
610 kJ/145 kcal
8 g EW/8 g F/12 g KH

1 Für den Teig die Kartoffeln gründlich waschen und in Salzwasser in 20–30 Min. bißfest kochen. Heiß pellen und durch die Presse drücken oder fein zerstampfen. Die heiße Masse sofort mit den Eigelben vermengen. Mit Salz und Muskat abschmecken und abkühlen lassen.

2 Für die Füllung reichlich Salzwasser aufkochen lassen. Den Blumenkohl und den Broccoli putzen, in kleine Röschen teilen und gründlich waschen. Möhren schälen, längs vierteln und in Würfel schneiden. Eiswasser bereitstellen.

3 Blumenkohl in Salzwasser in 3–5 Min. bißfest kochen, herausnehmen und in Eiswasser abschrecken. Die Möhren und zum Schluß den Broccoli in dem Sud ebenfalls in 3–5 Min. jeweils bißfest kochen und abschrecken.

4 Den Käse reiben. Die Milch erhitzen und den Käse darin schmelzen lassen. Abkühlen lassen und mit den Eiern verquirlen. Mit Salz und Muskat würzen.

5 Den Backofen auf 180° vorheizen. Die Form buttern und mit dem Kartoffelteig auskleiden, dabei einen 4 cm hohen Rand formen. Den Teig im Backofen (Mitte, Umluft 160°) 10 Min. vorbacken.

6 Den Boden abkühlen lassen und dann das Gemüse dekorativ in die Form geben, dabei immer wieder ein paar Mandeln dazwischen streuen. Die Eier-Käse-Masse darüber gießen und den Kuchen mit den übrigen Mandeln bestreuen.

7 Den Kuchen im Backofen (Mitte) 1 1/4 Std. garen, bis die Eimasse gestockt ist und die Mandeln leicht gebräunt sind.

VARIANTE

Auch mit anderem Gemüse schmeckt der Kartoffelkuchen sehr gut. Kohlrabi, Rosenkohl, Spargel (alles vorher blanchiert) oder rohe Champignons passen sehr gut. Und warum nicht ein paar Stücke Pellkartoffeln untermischen?

Im Bild vorne: Westfälische Potthucke
Im Bild hinten: Bunter Kartoffelkuchen

Impressum

Redaktion: Christine Wehling
Lektorat: Adelheid Schmidt-Thomé
Layout, Typographie, Umschlaggestaltung und Grafik S. 41: Heinz Kraxenberger
Herstellung: Renate Hausdorf
Produktion: Helmut Giersberg
Fotos: Reiner Schmitz, Michael Brauner (Umschlag-Innenseite), Fotostudio Teubner (Seite 16 und 28), StockFood Eising (Seite 52)
Satz: Computersatz Wirth
Reproduktion: Imago
Druck: Appl, Wemding
Bindung: Sellier, Freising
ISBN 3-7742-1958-3

Auflage   5.
Jahr   01

Sebastian Dickhaut
lebt als freier Buchautor und Journalist in München. Der gelernte Koch arbeitete jahrelang in den Küchen gehobener Restaurants, bevor er sich dem Journalismus zuwandte und Redakteur bei einer Tageszeitung wurde. Schließlich verband er das Schreiben mit dem Kochen. Inzwischen sind zahlreiche Kochbücher von ihm erschienen. Außerdem arbeitet er für Zeitschriften und Tageszeitungen – mit dem Schwerpunkt Essen und Trinken.

Reiner Schmitz
begann seine berufliche Laufbahn in Düsseldorf und München als Assistent bei verschiedenen Food- und Stillife-Fotografen. 1989 machte er sich als Foto-Designer in diesen Spezialgebieten selbständig. Zu seinen Kunden zählen Industrie, Werbeagenturen und Verlage. Besonderen Wert legt Reiner Schmitz auf stimmungsvolle Aufnahmen, die die natürliche Frische der Lebensmittel wiedergeben. Die Fotos dieses Buches entstanden in enger Zusammenarbeit mit dem Koch und Foodstylisten Rudolf Vornehm.

**GASHERD-
TEMPERATUREN**

Die Temperaturstufen bei
Gasherden variieren von
Hersteller zu Hersteller.
Welche Stufe Ihres Her-
des der jeweils angege-
benen Temperatur ent-
spricht, entnehmen Sie
bitte der Gebrauchsan-
weisung.

ABKÜRZUNGEN

TL   = Teelöffel
EL   = Eßlöffel
Msp. = Messerspitze

kJ   = Kilojoules
kcal = Kilokalorien
Ew   = Eiweiß
F   = Fett
Kh   = Kohlenhydrate

**Das Original mit
Garantie**

Ihr Gräfe und Unzer Verlag
Redaktion Kochen
Postfach 86 03 25
81630 München
Fax: 089/41981-113
e-mail: leserservice@
graefe-und-unzer.de